人文社科
高校学术研究论著丛刊

# 基于自主学习的大学英语教学理论与改革研究

刘永莉 著

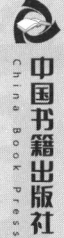

中国书籍出版社
China Book Press

图书在版编目(CIP)数据

基于自主学习的大学英语教学理论与改革研究 / 刘永莉著.--北京：中国书籍出版社，2020.10
ISBN 978-7-5068-8052-7

Ⅰ.①基… Ⅱ.①刘… Ⅲ.①英语－教学研究－高等学校 Ⅳ.①H319.3

中国版本图书馆 CIP 数据核字(2020)第 206264 号

## 基于自主学习的大学英语教学理论与改革研究

刘永莉　著

| 丛书策划 | 谭　鹏　武　斌 |
|---|---|
| 责任编辑 | 朱　琳 |
| 责任印制 | 孙马飞　马　芝 |
| 封面设计 | 东方美迪 |
| 出版发行 | 中国书籍出版社 |
| 地　　址 | 北京市丰台区三路居路 97 号(邮编:100073) |
| 电　　话 | (010)52257143(总编室)　　(010)52257140(发行部) |
| 电子邮箱 | eo@chinabp.com.cn |
| 经　　销 | 全国新华书店 |
| 印　　厂 | 三河市德贤弘印务有限公司 |
| 开　　本 | 710 毫米×1000 毫米　1/16 |
| 字　　数 | 232 千字 |
| 印　　张 | 16.75 |
| 版　　次 | 2021 年 10 月第 1 版 |
| 印　　次 | 2021 年 10 月第 1 次印刷 |
| 书　　号 | ISBN 978-7-5068-8052-7 |
| 定　　价 | 82.00 元 |

版权所有　翻印必究

# 目 录

第一章 自主学习综论 …………………………………… 1
  第一节 自主学习相关概念解析 …………………………… 1
  第二节 开展自主学习的理论依据 ………………………… 10
  第三节 提倡英语自主学习的原因及意义 ………………… 17

第二章 大学英语教学概述 ……………………………… 27
  第一节 大学英语教学相关概念解析 ……………………… 27
  第二节 大学英语教学的发展历程回顾 …………………… 34
  第三节 大学英语教学的现状及原则 ……………………… 36

第三章 大学生英语自主学习能力的培养理念 ………… 50
  第一节 贯彻以学生为中心的教学理念 …………………… 50
  第二节 重视学生学习的风格与动机 ……………………… 61
  第三节 培养学生应用学习策略能力 ……………………… 70

第四章 基于自主学习的大学英语基础知识教学改革 …… 78
  第一节 基于自主学习的大学英语语音教学改革 ………… 78
  第二节 基于自主学习的大学英语词汇教学改革 ………… 86
  第三节 基于自主学习的大学英语语法教学改革 ………… 94

第五章 基于自主学习的大学英语基本技能教学改革 …… 107
  第一节 基于自主学习的大学英语听力教学改革 ………… 107
  第二节 基于自主学习的大学英语口语教学改革 ………… 116

第三节　基于自主学习的大学英语阅读教学改革 …… 122
第四节　基于自主学习的大学英语写作教学改革 …… 133
第五节　基于自主学习的大学英语翻译教学改革 …… 144

**第六章　基于自主学习的大学英语文化教学改革** ………… 151
　第一节　大学英语文化教学简述 ………………………… 151
　第二节　大学英语文化教学的革新方法 ………………… 162
　第三节　大学英语文化自主学习能力提升的途径 …… 168

**第七章　基于自主学习的大学英语教师** ………………… 177
　第一节　教师自主的概念 ………………………………… 177
　第二节　基于自主学习的大学英语教师的角色 ………… 178
　第三节　影响大学英语教师自主的因素 ………………… 186
　第四节　大学英语教师自主的意义及实现方法 ………… 188

**第八章　基于自主学习的大学英语教学评估** …………… 197
　第一节　大学英语教学评估简述 ………………………… 197
　第二节　开展大学英语教学评估的意义 ………………… 209
　第三节　大学英语自主学习能力评估的方法 …………… 211

**第九章　基于自主学习的大学英语教学手段新发展** …… 227
　第一节　开展分级教学 …………………………………… 227
　第二节　采取个性化教学 ………………………………… 235
　第三节　利用网络辅助教学 ……………………………… 242

**参考文献** ………………………………………………………… 256

# 第一章 自主学习综论

在这个知识爆炸的时代，信息的传递与更新极为迅速，人们逐渐意识到仅靠学校学习获得的知识、信息来应对这个复杂多变的世界是远远不够的，如果不能及时为自己"充电"，就将被时代的洪流淹没。在此背景下，"自主学习"就成为时下人们最关注的问题，也成为大学英语教改中的重要内容。本章就对自主学习的相关内容进行分析和论述。

## 第一节 自主学习相关概念解析

### 一、自主学习的定义

"自主学习"这一概念虽然早在20世纪就已经被教育学家提出来了，但至今都没有形成一个统一的定义，对于"自主学习"这一概念的表达，更是众说纷纭，如 autonomous learning（自主学习）、active learning（主动学习）、self-study（自学）、self-managed learning（自我管理学习）、self-education（自我教育）等。这反映了两个问题：(1)人们对自主学习的研究极为关注；(2)不同的学者对自主学习关注的角度、重点也不同。因此，国内外关于自主学习的定义有很多种，下面我们就列举部分具有代表性的观点。

（一）外国学者的观点

最早研究自主学习的亨利·霍莱克（Henri Holec,1981）认为,自主学习是指"对自己学习负责的一种能力",并且指出自主学习能力所表现的五个方面:(1)确立学习目标;(2)确定学习内容和进度;(3)选择方法和技巧;(4)监控学习过程;(5)评估学习效果。他还认为,自主学习能力不是天生的,而是需要通过自然途径或系统的正式学习才能获得的。

利特尔(Little)将自主学习界定为"一种独立的、进行批评性思考、做出决定并能实施独立行为的能力"。

迪金森(Dickinson,1987)认为自主学习者应该承担的学习责任包含以下几点:(1)决定学习什么;(2)学习方式为个人学习;(3)学习者选择学习进度;(4)学习者决定何时何地进行学习;(5)学习者选择学习材料;(6)自我监控;(7)自我测试。

20世纪80年代中期以后,西方学者在综合上述观点的基础上,试图对自主学习进行更为确切的界定,其中最具有代表性的是齐莫曼(Zimmerman)的定义。齐莫曼认为,只要学生在元认知、动机和行为这三个方面都是一个积极的参与者,那么就可以认为他的学习是自主的。其中,元认知指的是学生能够在学习的不同阶段进行自我反思,包括计划、组织、自我指导、自我监控和自我评价;动机是指学生从被动的学习变成主动的求知,由"要我学"变成"我要学";行为是指学生能够自主地创设有利于学习的最佳环境。

在对自主学习进行研究的过程中,齐莫曼建立了一套具有特色的自主学习研究体系,如表1-1所示。

表1-1 自主学习的研究框架

| 科学的问题 | 心理维度 | 任务条件 | 自主实质 | 自主过程 |
| --- | --- | --- | --- | --- |
| 为什么学 | 动机 | 选择参与 | 内在的或自我激发的 | 自我目标、自我效能、价值观、归因等 |
| 如何学 | 方法 | 选择方法 | 有计划的或自动化的 | 策略的使用等 |
| 何时学 | 时间 | 控制时限 | 定时而有效 | 时间计划与管理 |

# 第一章 自主学习综论

续表

| 科学的问题 | 心理维度 | 任务条件 | 自主实质 | 自主过程 |
|---|---|---|---|---|
| 学什么 | 学习结果 | 控制学习结果 | 对学习结果的自我意识 | 自我监控、自我判断、行为控制、意志等 |
| 在哪里学 | 环境 | 控制物质条件 | 对物质环境的敏感和随机应变 | 选择、组织学习环境 |
| 与谁一起学 | 社会学 | 控制社会环境 | 对社会环境的敏感和随机应变 | 选择榜样、寻求帮助 |

（资料来源：庞维国，2003）

齐莫曼重点指出，以上框架中的任务条件是研究学生的学习是否是自主的主要依据。如果学习者在为什么学、如何学、何时学、学什么、在哪里学和与谁一起学这六个方面都能够选择和控制，那么其学习就是自主的；否则其学习就不是自主的。

纽南（Nunan）将自主学习分为意识（awareness）、投入（involvement）、参与（intervention）、创造（creation）以及超越（transcendence），每个阶段都是从"内容"和"过程"的维度进行详细的阐释，具体如表1-2所示。

表1-2 纽南对自主学习的分类表

| 阶段 | 内容 | 过程 |
|---|---|---|
| 意识 | 对所学内容和目标有意识 | 能够识别教学任务中的学习策略并能识别自己偏好的学习方法 |
| 投入 | 有能力选择学习目标 | 做出选择 |
| 参与 | 有能力监控、调节学习计划中的学习目标和学习内容 | 监控、调节学习任务 |
| 创造 | 主动制订学习目标 | 主动制订学习任务 |
| 超越 | 超越课堂内容，并能在课堂知识与课外知识建立联系 | 超越学习者的一般能力 |

（资料来源：严明，2007）

从纽南五阶段的两个环节看,自主学习意识不仅指学习者意识到要为自己的学习负责,还要意识到在学习过程中主动地确定学习目标和内容,对运用适当的学习策略和方法以及监控、管理、调节学习过程也有意识。

在五阶段中,显然自主学习意识是最基础的阶段,其他四阶段都建立在第一阶段的基础上,层层递进,逐级深入。学习者自主学习能力在各个阶段中各不相同。第五级的超越阶段被认为是自主学习能力完全实现的体现。可见,自主学习能力是在学习过程中学习者的综合学习能力——拥有知识和必要的技能,使学习目标得以有效实现。学习者应该具有自主学习的能力和意愿,从而实现自主学习。自主学习能力有赖于相应的知识和必要的技能,而意愿主要体现在自主学习过程中学习者所需的学习动机和自信心。

(二)我国学者的观点

我国学者对自主学习的研究要晚于国外,20世纪80年代中后期才开始对自主学习进行探讨。他们在分析、总结国外自主学习理论的基础上,结合我国实际情况对自主学习进行了研究和探讨。

我国学者韩清林(1999)认为,狭义的自主学习是指学生在教师的科学指导下,通过能动的创造性的学习活动,实现自主性发展。广义的自主学习是指人们通过多种手段和途径,进行有目的、有选择的学习活动,从而实现自主性发展。

我国学者陈水清(1999)认为,自主学习就是学习主体主导自己的学习,它是在学习目标、过程及效果等诸方面进行自我设计、自我管理、自我调节、自我检测、自我评价和自我转化的主动建构过程。

我国学者庞维国(2003)提出:"自主学习是建立在自我意识发展基础上的'能学',建立在学生具有内在动机基础上的'想学',建立在学生掌握了一定学习策略上的'会学',建立在意志努力上的'坚持学'。"

陈冬纯认为,自主学习是指学习者依赖其独立的学习风格、积极的学习态度和良好的学习能力,能够独立或在教师的指导下设定其学习目标,通过个人的活动和与他人合作的方式,实施、完成、评估自己的学习效果并达到学习目标的学习过程。

徐锦芳(2007)认为,我国英语教学环境下大学生自主学习能力应涵盖五个方面的内容:

(1)了解教师的教学目的与要求。

(2)确立学习目标与制订学习计划。

(3)有效使用学习策略。

(4)监控学习策略的使用情况。

(5)监控与评估英语学习过程。

虽然学者给出的自主学习的定义各不相同,但总体来讲,他们有基本的共识,即自主学习应该是以学习者为中心(相对以教师为中心),学生根据自身的不同的需求,在整个学习过程中进行自我规划、自我管理、自我调节、自我检测、自我反馈、自我评价的自我建构过程。而且,他们都强调自主学习应成为外语教学的重要目标,学习的责任应由教师转向学生。

## 二、自主学习的特征

自主学习作为当今被极力推崇的学习方式,必然有其特殊性。关于自主学习的特征,不少学者都做过研究。

(一)有关自主学习特征的研究

由于人们对自主学习的理论立场和所下的定义不同,对于自主学习的特征描述也存在一些差异。

奥德曼(Alderman,1999)认为,自主学习者具备如下特征:

(1)对自己的学业成败能够做出合乎逻辑的归因,具有学习的自我负责精神。

(2)强烈的学业自信心。

(3)相信努力会不断带来成功。

(4)会设置有效的学习目标。

(5)考虑未来。

(6)拥有充足的学习策略,能够监视、控制、调节自己的学习过程。

(7)能够有效地管理和使用自己的学习时间与资源。

宾特里奇(2000)认为,自主学习者具有以下四个方面的特征:

(1)对他人提供给自己的信息做出更加积极的反应,在学习的过程中主动地创设学习策略、目标和意义。

(2)能够正视由个体差异、情境、生理给自己带来的局限,监控和调节自己的学习行为。

(3)能够根据目标和标准来评估自己学习的效果,必要时会对学习目标和标准进行调整。

(4)能够利用自我调节过程来调节外部情境和自身特征所产生的影响,以便于提高学业成绩,改善学习表现。

巴里斯与艾里斯(Paris&Ayres,2001)认为,自主学习具有以下七个显著的特点:

(1)学生选择自己的学习目标,朝着自己的学习目标努力,这意味着他们有多种学习目标可以选择,也有选择目标的权利。

(2)自主学习者给自己设置有挑战性的目标,然后最大限度地发挥自己的学习潜能,努力追求成功,但是也能容忍失败。

(3)自主学习者知道如何使用课堂中的学习资源,他们也可以自如地调控自己的学习。他们知道如何计划、分配时间等资源,如何寻求他人的帮助,怎样评价自己的学习表现;他们了解自己的学习策略,知道如何使用这些策略。

(4)自主学习者能够很好地与他人进行合作学习。他们经常讨论学习内容,交流学习收获。

(5)自主学习者重视意义的建构。他们喜欢发表自己的见解,深刻地理解学习内容的意义,并注重学习中的创造性。

(6)自主学习者具有较高的学习自信心和自我责任感。他们很少将自己遇到的学习困难归咎于他人,知道是通过努力和合适的学习方法自己才取得学业成功。

(7)自主学习者根据预定的学习标准和时间,自己管理学习进程,评价学习表现。

(二)对自主学习特征的总结

综合上述学者的观点,这里将自主学习的特点总结为"自立""自为""自律"。自主学习就是学习主体自立、自为、自律的学习。其中,自立性是自主学习的基础,自为性是自主学习的实质,自律性则是自主学习的保证。

1.自立性

自立性是自主学习的基础和前提,是学习主体内在的本质特性,是每个学习主体普遍具有的。它不仅经常体现在学习活动的各个方面,而且贯穿于学习过程的始终。因此,自立性又是自主学习的灵魂。自主学习的自立性包括四层含义:

(1)每个学习主体都具有"天赋"的学习潜能和一定的独立能力,能够依靠自己解决学习过程中的"障碍",从而获取知识。

(2)每个学习主体都具有自我独立的心理认知系统,学习是其对外界刺激信息独立分析、思考的结果,具有自己的独特方式和特殊意义。

(3)每个学习主体都是具有相对独立性的人,学习是学习主体"自己的"事、"自己的"行为,是任何人不能代替、不可替代的。

(4)每个学习主体都具有求得自我独立的欲望,是其获得独立自主性的内在根据和动力。

2.自为性

学习自为性是独立性的体现和展开,它包括学习的自我探索性、自我选择性、自我建构性和自我创造性四个层面。

(1)自我探索性

自我探索建立在好奇心的基础之上。好奇心是人的天性,既产生学习需求,又是一种学习动力。自我探索就是学习主体基于好奇心所引发的,对事物、环境、事件等的自我求知的过程。它不仅表现在学习主体对事物、事件的直接认识上,而且也表现在对"文本"知识的学习上。文本知识是前人对客观事物的认知,并非学习主体的直接认识。因此,对"文本"知识的学习,实际上也是探索性的学习。通过自我探索而求知、认知,这是学习主体自为获取知识的方式之一。

(2)自我选择性

自我选择性是指学习主体在探索中对信息的注意性。外部信息只有经学习主体的选择才能被纳入认知领域;选择是由于被注意,只有经学习主体注意的信息才能被选择而被认知。因此,学习是从学习主体对信息的注意开始的。一种信息要引起注意,主要是由于它与学习主体的内在需求相一致。由内在所求引起的对信息选择的注意,对头脑中长时记忆信息的选择、提取、运用从而发生的选择性学习是自为学习的重要表现。

(3)自我建构性

自我建构性是指学习主体在学习过程中自己建构知识的过程。在这一过程中,由选择性注意所提供的新信息、新知识是学习的对象。对这一对象的学习则必须以学习主体原有的经验和认知结构为前提,而从头脑中选择提取的信息是学习新信息、新知识的基础。这两处信息经由学习主体的思维加工而发生了新旧知识的整合和同化,使原有的知识得到充实、升华,从而建立新的知识系统。因此,建构知识既是对新信息、新知识的建构,同时又包含了对原有经验和知识的改造和重组。

## 第一章 自主学习综论

**(4)自我创造性**

自我创造性是学习自为性更重要、更高层次的表现。它是指学习主体在建构知识的基础上,创造出能够指导实践并满足自己需求的实践理念模型。这种实践理念及模式是学习主体根据对事物发展的客观规律、对事物真理的超前认识、对其自身强烈而明确的内在需求进行创造性思维的结果。建构知识是对真理的认识,是对原有知识的超越;而实践理念模式则是以现有真理性知识为基础,并对其进行超越。这种超前认识是由明确的目标而导引的创造性思维活动,在这种活动中,学习主体头脑中的记忆信息库被充分地调动起来,信息被充分地激活,知识系统被充分地组织起来,并使学习主体的目标价值得到了充分发挥。

从探索到选择到建构再到创造的过程,基本上映射出了学习主体学习、掌握知识的一般过程,也大致反映出其成长的一般过程。从这个意义上说,自主学习本质上就是学习主体自我生成、实现、发展知识的过程。

**3.自律性**

自律性就是学习主体对自己学习的自我约束性或规范性,它表现为自觉地学习。

(1)自觉性是学习主体的觉醒,是对自己的学习要求、目的、行为、意义的一种充分觉醒。它规范、约束自己的学习行为,促使自己的学习持之以恒。它在行为域中则表现为主动性和积极性。因此,自主学习也就是一种主动、积极的学习。主动性和积极性来自自觉性。只有自觉认识到自己学习的目标意义,才能使自己的学习处于主动和积极的状态;而只有主动积极地学习,才能充分激发自己的学习潜能和聪明才智而确保目标的实现。

(2)自主学习体现学习主体清醒的责任感,它确保学习主体积极主动地探索、选择信息以及建构、创造知识。

## 第二节　开展自主学习的理论依据

### 一、建构主义理论

建构主义理论(Constructivism)是在行为主义、认知主义的基础上进一步发展起来的理论。这一理论的发展有其特殊过程和背景。

建构主义观点起源于皮亚杰的有关理论。通过对儿童心理进行系统、全面的研究，皮亚杰认为儿童与环境的相互作用涉及两个基本过程，即"同化"与"顺应"。"同化"是指把外部环境中的有关信息吸收进来并结合到儿童已有的认知结构中，即个体把外界刺激所提供的信息整合到自己原有认知结构内的过程。"顺应"是指外部环境发生变化，而原有的认知结构无法同化新环境提供的信息时所引起的儿童认知结构发生重组与改造的过程。儿童的认知结构就是通过同化和顺应过程逐步建构起来的，并在"平衡—不平衡—新的平衡"的循环中不断得以丰富和发展。根据这一观点，认知是在以主体已有的知识和经验的基础上而建构起来的。在皮亚杰之后，一些学者又对认知结构的性质、认知结构的发展条件以及个体的主动性在建构认知结构中的关键作用等问题进行深入的研究和探讨，产生了许多不同的观点，同时产生了不同流派的建构主义认识论和学习理论，如激进建构主义(Radical Constructivism)、社会建构主义(Social Constructivism)、社会建构论(Social Constructionism)、社会文化认知(Sociocultural Cognition)、信息加工建构主义(Information Processing Constructivism)和控制系统论(Cybernetic System)。

建构主义理论是一种非常庞杂而又相对完善的认识论和学习理论，在知识观、学习观、教育观、学习环境、意义建构等方面的观点十分丰富。

(一)建构主义的知识观

(1)知识不是对现实世界的客观的、纯粹的反映,而是人们对于客观存在的事物的一种假设或者解释,而非最终答案,它会随着人们对客观世界的不断认识而出现不同的解释和假设。

(2)知识不是概括世界的准确无误的法则,不是提供任何问题的解决方案。在处理具体事件的过程中,没有现成的知识可供选择,而是需要针对具体情况对原有知识进行再加工和创造。

(3)尽管知识通过语言记载下来并被赋予了一定的表现形式,但是它不可能以实体的形式存在。学习者可以普遍接受和认同知识,但是学习者对这些知识的理解有可能出现差异。真正的理解是学习者在具体的学习和实践过程中,通过对自身经验的总结形成的。如果不能这样去理解消化知识,那只能是死记硬背,不是真正地理解知识。

建构主义观点认为,书本上的知识在一定时期内只是相对的,是对客观世界的一种相对真实的反映。这种知识不是绝对的,知识是需要人们不断去发展的。因此,认识也应该是不断发展的过程。客观世界在每个发展阶段都有其特定的知识系统,也有其真理性,但是不能认为这种知识是绝对的真理,是一成不变的。随着社会的发展和进步,知识的解释也是需要更新的。因此,学习者不能生搬硬套地学习知识,而是应该主动去学习和分析所学知识,更新旧知识,形成新知识。

(二)建构主义的学习观

(1)学习是人们在自身经验和知识的基础上,对客观世界的现象做出自觉的甄别和处理,最后获得对客观世界的认识和理解,而不是进行机械的、简单的被动式接受,也不是由教师简单地传授给学生。

学生学习的过程不是教师简单地传输知识,学生被动地接受;学习是学习者在自身以往经验的基础上,对知识信息进行积极主动的选择、加工、分析和处理,最后才能把握信息的意义;学习不是进行机械的复制式的接受。

(2)建构主义强调,学习不是把信息简单地由外向内的单向输入,而是通过新信息与学习者已有的知识经验的相互作用来实现的,即学习者与学习环境之间互动的过程,是不同的学习者按照自身已有的经验与知识主动地进行建构,而不是被动的接受。经过新旧知识的反复的和双向的互相作用,学习者对新知识进行重新解读,从而形成新的知识系统。

(3)由于"最近发展区"的存在,学生通过认知方式构建与周围经验世界的联系,从自身已有经验出发,不断挖掘自身潜能,最终实现对学习意义的建构,这种"信息传递"的过程是由学习者的创造性学习才能实现的。

建构主义学习观的核心是学习是由学习者基于自身知识经验自觉、主动建构知识的过程,而不是被动的接受知识。学习者不是被动的知识接受者,而是意义的主动建构者,他要对外部信息进行主动的选择和加工,并在此基础上建构新信息的意义,这种建构的过程只能由学习者自己完成,不能由他人代替。

(三)建构主义的学习环境

建构主义学习理论认为,学习者个人的认知发展与学习过程关系紧密,知识的建构需要特定的情景和他人的引领,通过利用一定的渠道创设特定的学习氛围。这个学习氛围应该包括情境、协作、会话、意义建构四大要素,在整个学习环境中,教育活动应以学生为中心,教师担任组织者、协调者和促进者的角色,通过四大要素激励学生充分发挥自身的积极性和主动性,最终达到建构意义的目标。

(1)情境。情境是与学习主题及内容基本一致或相类似的环境。教师可向学习者提供所学知识的相关经验,可以降低学习者在意义建构过程中的困难,帮助学习者更好地理解所学知识,并对主题意义进行有效的建构。因此,学习环境中的情境必须对学生所学内容的意义建构起到积极的作用。

建构主义非常重视情境的作用。与主题一致或者相似的情境会有利于知识的呈现及运用；真实生动的情境有利于激发学生的思维发展，从而使他们在旧知识的经验基础上去深度理解新知识，灵活地处理和分析新旧知识之间的关系，并赋予知识特定的意义。

(2) 协作。协作是师生和生生之间在学习过程中进行友好、平等的合作。在此过程中，大家共同收集资料，提出和验证假设、评价学习成果以及建构意义。

协作过程也是交际过程，在此过程中，整个群体可以共同分享每个个体的学习成果，知识意义的建构不是某个个体或者几个个体单独完成的，而是通过整个协作团队实现的。建构主义强调，学习过程中的协作活动要通过师生和生生之间的相互配合，最后创设一个氛围良好的学习共同体，而且其中每个个体都能充分积极地表现；同时，成功的教师是学习共同体的成员(叶澜等，2000)。在协作过程中，通过集体的互动，实现课堂气氛的民主性、开放性和和谐性。通过协作，学习者会在自身知识的基础上更新已有的认知，互相学习对方对知识的理解，这样既可以使大家取长补短，又可以发展个体者的个性，从而减弱了教师在传授知识过程中的权威作用，突显了教师作为指导者、引领者的作用。协作学习可以形成积极的同伴关系，也有利于发展学生的智力因素和非智力因素，而且还可以培养学生的团队意识、合作精神、集体观念与竞争能力，实现了学生的发展，达到提高学生综合素质的目的。

(3) 会话。这是协作过程中重要的一环。协作小组之间的成员在经过自主学习后，通过对话讨论完成学习任务。在这个过程中，个体可以自由地发表自己不同的观点。会话是学习者实现意义建构的一个重要途径。威尔斯(Wells)认为，协作会话有利于学习者对知识意义的建构和理解，大家可以自由交流，并达成对事物和知识理解的一致性。同时，会话有利于学习者思维的发展。通过这种方式，整个群体可以共享每名学习者的思考成果，有利于学习者对所学知识信息的完整和全面的理解，以便顺利完成知识意义的建构。

（4）意义建构。意义建构是整个学习过程的最终目标。在学习过程中引导学习者意义建构就是帮助学习者能深刻理解所学知识，引导学习者深刻领悟知识所反映的事物的性质、规律以及事物之间的内在关系。在传统的教学过程中，教学目标就是教学活动的一切。教学目标一旦制订，也就意味着教学内容的确定，它也能体现对教学效果进行的教学评估。在建构主义学习环境中，"以学生为中心"是核心，关注的是学生作为认知主体如何进行意义建构的。因此，学习的目标就是学习者通过什么途径完成知识意义的建构。在这样的学习环境中，教学设计不能着眼于教学目标的分析，而是要考虑如何创造有利于学习者学习的情景和氛围。因此，在整个教学过程中，应该围绕"意义建构"这一核心要素，实现学习者的独立探索和协作学习。总之，学习过程中的一切活动都要时刻关注这一核心要素，要对学习者的意义建构起到推动作用。

建构主义理论作为教育理论的一种新的发展，是认知学习理论和现代信息社会相结合的产物。多媒体和网络技术的普及为建构主义理论的应用和发展提供了有力的物质保证和技术支持，建构主义理论也为新形势下的教学模式提供了理论基础。

## 二、自我效能理论

自我效能（self-efficacy）理论及其应用是近年来心理学理论研究及其应用的典范。自我效能概念是由美国著名心理学家班杜拉（A.Bandura）于1977年提出的，指的是人们对于成功完成某个特定任务所需行为的能力的认知判断和信念。班杜拉在其社会学习理论、社会认知的基础上提出了自我效能理论，强调以认知为基础的主体内部因素对心理活动的影响，突出了主体能动性在思想和行为中的重要性。

## 第一章 自主学习综论

在班杜拉看来,"自我效能"是指个体在执行某一操作之前,对自己在何种水平上完成该活动应该具备的信念、片段、自我感受的把握能力。

自我效能感具有以下两大功能:

(1)对人们的选择以及应对该选择的努力和坚持程度有决定和影响的作用。对于某一个体而言,其自我效能高,那么他选择的项目往往具有较高的挑战性与突破性,当遇到某些困难时,他也会坚持自己的信念,以最大的努力来加以克服,最终取得成功。相反,如果该个体的自我效能低,那么他选择的项目难度也比较低,往往不具有挑战性,当遇到某些困难时,他往往不会迎难而上,而是选择逃避或者听之任之,这样不仅收不到任何效果,反而对项目也丧失了信心。

(2)对人们的情感反应与思维模式也具有影响的作用。在此基础上,自我效能感还会影响人们习得新的行为。同样,对于某一个体而言,其自我效能感高,那么他就会充分利用自身与环境间的关系和作用,并将注意力集中于解决困难以及完成任务上;如果该个体的自我效能感低,那么他们将更多的注意力集中于那些不利的后果或者曾经的失败上,给自己造成过大的压力或者焦虑,从而严重阻碍了自身实现已有的行为能力。

自我效能理论一经提出,就成为心理学界的热点问题,其理论研究和实践应用的范围日益扩大,新的研究成果层出不穷,并已经在学校教育、健康和临床等领域得以广泛应用,展现出了很强的实践价值。学生自我效能是自我效能在学校教育领域中的主要应用。它是学生对自己完成有关活动任务的自我效能,表现为学业自我效能、认知自我效能和调节自我效能等。

### (一)学业自我效能

学业自我效能是指学生在学习活动中对自己的学习和作业能力的评价。班杜拉把知觉到的学习自我效能界定为"个体对自己组织和实施达成预定的某种教育成就的行动过程的能力判断"。有研究者认为,学业自我效能包括两个相对独立的维度:学习能力自我效能,即个体对自己能否顺利完成学业、取得良好成绩和避免学业失败的学习能力的判断;学习行为自我效能,即个体对自己能否采取一定的学习方法达到学习目标的判断。

（二）认知自我效能

认知自我效能是指学生对自己完成学习任务和满足日常生活要求的认知能力的判断,重点在于个体对完成学习任务的认知能力的主观评价。它既能通过影响思维品质和获得的认知技能的良好运用而直接对学业行为产生影响,也能通过加强寻找问题解决的坚持性对学业行为发挥重要作用,最终影响到学业成绩。

（三）调节自我效能

调节自我效能是指个体对自己运用各种调节技能调节学习活动或其他活动的能力的信念。已有的研究表明,学生调节学习动机和学习活动的效能信念越高,他们对掌握学业科目的效能就越确信。

自我效能对学习者的学习会产生全方位的影响。首先,自我效能会影响学习动机。一般而言,自我效能高的学习者倾向于选择更困难、更富挑战性的活动,在遇到困难时,会做出更大的努力,坚持更长的时间。自我效能感低的学习者正好相反。其次,自我效能会影响学业情感。低自我效能的学习者在学习中容易产生应激压力、焦虑、抑郁和恐惧情绪;而高自我效能的学习者信心十足,情绪饱满。再次,学习者自我效能会影响学习者对学习行为的调控。高自我效能的学习者设定的学习目标更高、自我评价的标准更高、更容易进行自我监控、学习时间管理更为有效、更为积极地运用学习策略、对学业求助行为的态度更正面。最后,自我效能影响到学习者最终的学业成绩。在基本认知技能的获得、学业课程的成绩和标准化成绩测验上均能看到自我效能的重要作用。

## 第三节 提倡英语自主学习的原因及意义

### 一、提倡英语自主学习的原因

(一)内在原因

虽然自主学习对于大学生的英语学习有着重要的作用,但大学生的自主学习现状并不乐观,还存在很多问题。大学生在学习过程中应了解这些问题,并不断改善,以使自己的英语学习更加有效。具体而言,大学生的自主学习主要存在以下问题:

1.自主学习意识淡薄

目前,自主学习已经成为当今大学英语教学改革的一大重点,但受传统英语教学模式的长期影响,很多学生仍然对教师有很强的依赖性,在学习方法、学习方式上都或多或少地保留着中学的旧习惯。他们不仅不知道如何自主安排自己的学习,甚至连自主学习的意识都没有,只是一味地跟着教师走,教师教什么就学什么,教师不教也就不学。这种毫无目的的、被动的学习模式显然不会收到很好的效果。

2.缺乏自主学习氛围

课堂是学生英语学习的主要场所,所以除了在课堂学生基本上很少接触英语,更不要说自主学习和使用英语了。这主要是由学校课外投入不足所造成的。学生的英语水平不是一朝一夕就能够提高的,有时是要靠学生课外的主动学习和练习来提升的,但课外自主学习氛围的缺乏显然就制约了学生的英语自主学习,很难找到自主学习英语的途径,也就没有学习的兴趣和信心。

### 3.没有掌握自主学习的方法

要真正落实自主学习,有效地提高学生的学习效率,学生必须了解语言学习的本质和过程,意识到英语学习是一个长期的过程,不能急于求成,而应掌握一定的方法,主动探索、逐渐积累、循序渐进。然而,目前很少有学生能真正掌握自主学习的正确方法。他们认为,上课记笔记、课下强化、考前突击都是自主学习,考试过关了就意味着已经掌握了英语这门学科,也就具备了自主学习的能力。事实上,学生一旦脱离教师和课堂,遇到困难仍会不知所措,这就是学生因没有掌握自主学习的方法所导致的。

总体而言,自主学习对于学生的英语学习是至关重要的,学生有必要了解自主学习的相关内容,清楚自己在自主学习中存在的问题,进而通过不同的方式积极开展自主学习,最终提高自己的学习能力和英语水平。

## (二)外在原因

素质教育是旨在提高国民素质的教育形式,其宗旨是让人们学会做人、学会求知、学会健体、学会生活、学习生存。素质教育的核心就是自主学习,因此培养学生的学习意识、学习习惯、学习能力与学习方法也应该成为实施素质教育的核心任务。具体来说,自主学习的教育价值主要体现在以下几个方面:

### 1.教学现状的要求

在学科教育中,师生都受到教学方法、教学模式的影响与制约。但是,我国传统的英语教学过分看重教师的主导作用,将教师单方面的知识传授作为学生学习的主要途径。这种教学方式忽视了学生的自主性与独立性,从而影响了人才培养质量,致使我国英语教学收不到应有的效果。

在传统英语教学模式中,教师是教学的中心,教师以测试成绩作为衡量学生英语水平的标准。学生在整体的教学中感受不到学习探索的乐趣,教师在教学设计中也很少考虑学生的具体语言需求。长此以往,学生学习的积极性、主动性难以发挥,独立的人格与自主学习的能力也得不到培养,因此不利于英语教学的长久良性发展。需要正视的是,传统教学模式的出现主要是因为我国英语教学存在时间紧、任务重的问题,教师为了完成教学计划,往往只能侧重教学知识的教授,而忽视学生技能的培养。但是,英语是一门技能性与实用性很强的学科,需要学生发挥主观能动性,不断进行语言实践才能更好地掌握语言知识,仅靠有限的课堂教学时间是远远不够的。英语教学现状与学习现实需要学生养成良好的自主学习习惯。在自主学习过程中,教师需要培养学生的独立性,将教师的教学和学生的学习结合起来,从而不断提升学生的自主学习能力,让学生能独立于教师来展开学习活动。

2.学校教育的需要

新的时代背景下基础教育也在发生着深刻的变革。终身教育体制下教育的任务不再是进行知识的灌输,而是教会学生学习,培养学生的自主学习能力,从而为学生日后的继续学习打下良好的基础。

在多媒体、网络技术的应用下,学校教育的手段变得更加丰富。计算机辅助英语教学、多媒体辅助英语教学十分常见。传统的以知识传授为主的教学模式不断发生变革。从这个意义上说,自主学习能力的培养是将来基础教育发展的重要目标。

3.个体原因的促使

提倡自主学习还因为自主学习能弥补学习者的个体差异。虽然我国对英语教学投入的人力、物力是大多数国家所不能比的,但不可否认的是,我国的英语教学效果并不尽如人意。

造成这个问题的一个重要原因就是我国传统的英语教育模式只重"教"而不重"学",片面强调教师单方面的输入,忽视了学习者作为学习主体的地位,强调唯一性和标准化,忽视了学习者的个体差异。

由于不同的学习者之间存在很大的差异,所以长期以来,人们一直在探究造成学习者个体差异的原因,随着人们对其研究的深入,越来越多的研究表明,造成学习者个体差异的因素既有先天的,也有后天的。对于决定个体差异的先天因素,我们很难干预或改变它,而只能尊重它,如学习能力、认知风格、认知策略、学习策略以及学习动机等,但可以通过培养学习者的自主学习能力,弥补这些个体差异,使学习者的学习效果达到最佳。

(1)不同学习者之间的学习能力差异很大,个体之间的学习速度也不尽相同,对语言技能的掌握也不平衡。例如,有的学习者善于学习语法知识,有的学习者在交际能力上略胜一筹。如果我们采用统一的教材、教法、进度,并对不同学习者的语言能力提出同样的要求,忽视学习者的能力差异,必定会挫伤学习者的积极性、主动性,从而降低了学习者学习英语的效率。

(2)学习者的认知风格、认知策略都有差异性,针对这种情况,教师应该给予学习者更多地发挥自己差异性的环境。通过为学习者创设自主、独立的学习环境,并进行必要的指导,使学习者能够对自己的认知特点和风格有所掌握,从而能够发挥自己的长处,改正学习中的不足,提高英语学习的效率和水平。

(3)文登(1985)认为,学习策略是促进自主学习的关键。研究表明,任何学习者都有意识或无意识地采用自己喜爱的学习策略,如果禁止学习者使用其偏爱的学习方法,强迫学习者使用其他方法,就会降低学习者的英语学习效率。因此,教师在教授学生一定的学习策略时,要因人而异,使学习者选择适合自己的、能够掌控的学习策略。

## 二、提倡英语自主学习的意义

自主学习作为一种人才培养目标,其不仅有利于大学生发现自身的生活意义和个人意义,而且对促成社会的发展进步和构建学习型社会也大有帮助。总体来说,在大学生中开展自主学习意义重大。下面就从宏观、中观和微观这三个层面对其意义进行分析。

(一)宏观层面的意义

1. 有利于社会发展和进步

信息的广泛流传、生产力的迅速增长以及社会发展的迫切需求使信息更新的频率不断加快。相应地,也对现代人们提出了新的挑战。人们逐渐意识到知识的重要性,因而单纯地依靠学校教育阶段所获得的知识和技能已无法满足人们对于知识的高层次需求,也很难满足不断变化的社会对人才的要求。一个人要想在这迅速发展的社会中占有一席之地就必须要不断地充实自己,不断完善自己。根据英国技术预测专家詹姆斯·马丁(James Martin)测算,在 19 世纪,人类的知识每 50 年增加 1 倍,20 世纪中叶每 10 年增加 1 倍,21 世纪 70 年代缩短为每 5 年增加 1 倍,80 年代是接近 3 年翻一番。国外还有研究表明,在农业经济时代,人类的工作生活所需的知识一般都是其在 7~14 岁时接受的教育;在工业经济时代,人们学习的时间已从以前的 7~14 岁延伸为 5~22 岁;而当今社会,学习已经成为学习者终身的需要。并且,这些外在的客观变化也对学校教育产生了强有力的冲击,并要求学校教育在理念层面以及实践层面等做出相应转变。总之,这种知识的指数性增长让人们意识到自主学习的重要意义。同时,在当下多元化和人文化的社会大背景下,建立自主学习意识与提高自主学习能力要求教育尊重人的发展并关注个体的差异,这是同社会和人的全面发展这一目的相适应的。

2. 有利于终身教育和构建学习化社会

信息化社会的发展客观上给人们提出了终身学习的要求,而终身学习的持续就必须要人们进行自主学习,要求人们在没有教师监督、没有课堂限制的条件下仍然要进行不间断地学习。社会的飞速发展使人们意识到了学习的重要性,也打破了学校学习的传统观念,使教育成为伴随人们终身的持续不断的活动过程。传统的外语教育只重视知识的灌输和技能的培养,这已远远不能满足当今社会发展的要求。因而,现代教育必须为学习者提供能够保证终身学习所需的自主学习能力。不仅如此,社会发展对于教育的要求不单单局限在对某特定领域知识和技能的掌握上,现代的知识要求越来越全面化,各个行业之间的界限越来越模糊。语言学习和教学作为整个教育过程的一部分,也应致力于这一更广泛的教育目标。语言的教与学可以促进学习者自主的发展。学习者通过练习做出决定、与小组成员合作解决问题并达成双向解决方案等对其学习负责的一系列行为,自主能力会得到显著提高。因而,出现在社会中的每个个体都应强化其自主学习的意识,端正自身的学习态度,探索多元化的自主学习策略、提高自身自主学习能力并使学习范围得到扩展,这对构建终身教育和学习化社会也极为有利。

3.有利于外语教学目标的实现

对现代教育目标进行分析不难发现,在逐渐倾向于人的全面能力的培养。未来的社会是一个继续学习的社会,一个要求人们必须终身受教育、不断自我发展与提高才能适应生存的社会。因而,当代的大学也必须培养学生的自主学习能力,使学生通过自主学习走向未来社会,能够对人际关系进行妥善的处理,并注重培养大学生的团队合作精神。

在我国新制定的《大学英语课程教学要求(试行)》(2004)中,对大学英语教学目标如此规定:"大学英语的教学目标是培养学生的英语综合应用能力,特别是听说能力……同时增强其自主学习能力,提高综合文化素养,以适应我国经济发展和国际交流的需要。"为了实现这一目标,大学英语教学将改变原有的讲授式教学模式,培养学生的自主学习意识。在新的教学模式下,教师的首要任务就是培养学生的自主学习能力。

(二)中观层面的意义

从中观层面来看,大学生进行英语自主学习的意义主要体现在有利于弥补传统教学模式的不足和有利于学校教育教学方面的改革这两大方面。

1.有利于弥补传统教学模式的不足

我国传统的外语教学模式存在很多弊端,尽管我国在教育上投入的人力、物力都很多,但是往往收效甚微,这主要是因为讲授式教学模式下只注重教师的教,而不注重学生的学。在传统教学中教师是教学活动的主要组织者,学习者只是按照教师的安排进行学习,而且教师在教课过程中对学生的个性化差异关注不够,忽视了学生个性化的发展。

传统的讲授式教学的一般模式是:以教师为中心,教师利用讲解、板书和各种媒体作为教学的手段和方法向学生传授知识,学生在教学活动中主要是知识的接受者。在这一模式中,教师是作为知识传授者的角色存在的,学生是作为知识接受者的角色存在的,教材、参考资料、教师的个人经验等是知识的来源,是学生的学习内容,媒体是教师向学生传输知识的手段、方法和途径。讲授式教学之所以能够如此盛行,是因为其存在具有一定的合理性,它适合于大班教学,可以使教师同时面向许多学生进行授课。但是,讲授式教学模式的局限性也很明显。我国著名学者黎世法对其弊端进行了归纳和总结,具体体现在以下几个方面:

其一,传统的讲授式教学模式教学方法过于单一,往往使用"满堂灌""注入式""一刀切"的模式解决学生的学习问题。学生的学习过程缺乏选择性,只能是教师教什么学生就学什么,教学中的主观性较强,不利于学生全面知识的掌握。

其二,讲授式教学模式注重教学过程的统一性,对所有的学生采取相同的教学方法和教学步骤,并为其制订相同的教学目标,这样严重忽视了学生的个体化差异,不利于学生学习的个别化发展和教师的因材施教,这样会影响教师的授课效率。

其三,在传统的讲授式教学模式下,教师和学生的地位本末倒置。教师成了课堂的主宰,学生只能按照教师的安排进行学习,没有独立学习的机会,学生在学习过程中对教师产生过分的依赖。学生在学习中处于被动地位,学生的学习自觉性和主观能动性得不到很好的发挥。

其四,教学内容多,并且采用大班教学,因此常常导致教学效率低下的问题,也就极易导致教学时间的延长,加重了学生的学习负担。

其五,传统讲授式教学模式注重知识的传授,严重忽视对学生技能的培训和实际应用能力的培养。

其六,讲授式教学模式使教师在教课过程中很难全面地了解学生的学习效果,其不知道学生对于所讲知识的掌握情况,这就难免会造成资源的不同程度的浪费。

传统的讲授式教学模式的弊端已经日益突显。因而,为了改变当前学校教学中存在的不利局面,培养学生的自主学习能力不仅是大势所趋,而且理应成为教学改革的重要内容之一。

### 2.有利于学校教育教学方面的改革

尽管自主学习对于教学的积极意义已为大多数人所熟知,然而自主学习的实施依然是一个极具挑战的过程。虽然当今世界正在经历着一场深刻的教育改革,但是学校教育中自主学习也依然没有得到推广。虽然自主学习就学生学习的积极意义以及对教学的积极影响已经得到很多论证,但是在现实的知识教授中,很少有教师在其教学中运用自主学习理念,因而学生很少具有自主学习的机会。在国内,在课程改革的推动下,一些课堂教学已经在朝着有利于学生自主学习的方向发展,但是传统的讲授式教学仍然处于主流地位。在大学生中开展自主学习就是要相应地改良传统教学模式下学生主体意识不强、主观能动性差、教育评

# 第一章 自主学习综论

价指标过于单一、创新能力低下等不良的现状,倡导学生树立自主性、独立性、创新性等学习理念,借助教师主体的科学有效的引导,使英语教学向着顺应时代发展、顺应素质教育要求等的趋向发展。

## (三)微观层面的意义

### 1.顺应社会对人才的需求

伴随着现代科学技术的日新月异,一些公司为了提高自己的效益、提高员工的工作绩效,改进生产技术,增强产品的市场竞争力,开始由传统型组织向学习型组织(learning organization)转变。并且,很多公司将其注意力放在了新知识、新技术的学习上,一些善于利用这些知识和技术在公司的发展过程中不断地创造效益的人才备受欢迎。为了顺应社会对人才的这一需求。公司内部的培训、学习也由传统的以教师为中心的集体学习模式向分散学习模式(distributed learning model)转变,分散学习模式更加有利于自主性的发挥,可以提高培训的效率,使学习者可以合理安排时间。学习型组织中采用分散学习模式主要是给予以下的理念的指导。其一,学习型组织需要自主学习者作为其成员,自主学习者是构成学习型组织的基础。为了使整个组织都能够不断地学习,必须要保证每一名成员自身的学习任务,只有组织内的每名成员都能按照要求或计划进行学习,才能保证学习型组织的形成。其二,社会以及科学技术的不断发展使得在组织中知识的学习周期不断变短,因此以前学习的知识技能已经不能满足社会的需求,不足以满足每名员工对于胜任要求日益提高的工作岗位的需求。其三,在迅速发展的组织中,员工不能只依赖被动的培训来满足自己对知识的需求,因此人力资源部门应该为学习者提供学习的资料、成为员工学习的领导者、策划者、辅导者。知识的学习由员工自主进行,每一位员工都必须对自己的学习负责,为自己的学习制订完整的计划,并设置学习目标,在规定的时间内习得自己应该掌握的知识,并对自己的学习过程做好监督。分散学习模式与传统的组织培训方式有以下方面的区别:学习变他人管理为自我管理;学习内容特殊化,内容是个别的,而不是预设的统一的;学习的方式主要是独立的,或者采用小组合作、相互促进的方式,而不是大规模的集体培训;学习成果的应用主要是直接的,而非延后的;学习的成本将降低33%～50%。无论从学习的组织形式上看,还是从学习的效果上看,学习型组织都要求其成员更好地开展自主学习。相应地,高等教育在进行人才培养的过程中,也应顺应这一形式,注重培养大学生的自主学习能力。

2.有利于学生之间弥补差距

外语学习者的学习能力之间存在较大差异,学生对新知识的掌握速度不同,在学习方面的擅长点也不同。借助自主学习,学生能够很好地弥补学生间、个人间距离。根据齐莫曼的研究,借助自主学习这一模式,学生在成绩上能够追上80%的差距,自主性强的同学能够通过有效的学习方法,并且通过自我调节来提升学习成绩,而且成绩会高于自主性差的同学。

3.有利于增强学生个体的学习意志

学习意志具体指的是人的主观能动性在学习上的突出的表现形式,学习意志对学生个体的学习具有调节、保障作用。就像陶行知所说的那样:"学习光靠智力不行,有了学习的热情还不够,还得有坚持到底的意志,这样才能战胜巨大的困难,挑战人生面临的险境时才能沉着应对。"在大学生中开展自主学习,能够使其产生内在的求知欲和驱动力,并支配学生个体进行持之以恒的学习,表现出一种意志的坚韧性,诸多实践充分证明,学生在自主学习的过程中,能够不断地尝试着运用各种策略逐个解决学习困难,提升学习体验和能力,其学习的意志也会日益强化。

# 第二章 大学英语教学概述

随着经济全球化的快速发展,英语教学越来越受到国家和社会的关注,同时对英语教学的要求也在不断提高,大学英语教学是我国高等教育的一个重要组成部分,承担着为祖国培养高素质人才的重任。本章就来探讨大学英语教学的相关问题。希望通过本章的学习,能够对英语的教学和学习起到至关重要的指导作用。

## 第一节 大学英语教学相关概念解析

### 一、大学英语教学的界定

(一)概念

作为一项活动,教学贯穿整个人类社会的生产与发展过程中。也就是说,教学在原始社会就产生了,只不过原始社会将教学与生活本身视作一回事,并不是将教学视作独立的个体存在。但是,随着社会的不断发展,教学逐渐独立出来,成为一个单独的形态存在,并对人们的生产生活产生着重要的影响。由于角度不同,人们对教学概念的理解也不同,因此这里从常见的几个定义出发进行解释。

1.教学即教授

从汉字词源学上分析,"教"与"教学"有着不同的解释,但是在我国教育活动中,人们往往习惯从教师的角度对教学的概念进行解释,即将教学理解为"教",因此"教学论"其实就等同于"教论"。

2.教学即学生的学

有些学者从学生"学"的角度对教学进行界定,认为教学是学生基于教师的指导,对知识进行学习的过程,从而发展学生自身的技能,形成自身的品德。

3.教学即教师的教与学生的学

有人将教学视作教师的教与学生的学,即教师与学生将课程内容作为媒介,为了实现共同的目标,彼此共同参与到活动中。也就是说,教师不仅包含教,还包含学,教与学是同一过程的两个方面,彼此相辅相成、不可分割。教学的根本目的在于促进学生的进步和发展。因此,这一观点是对前面两个观点的超越。

4.教学即教师教学生学

对于这一观点,其主要强调的是教师指导学生"学习",即教师"教学生学",而不是简单的"教师教与学生学"这一并列的概念。也就是说,这一观点强调教师要教会学生学习,重视学生学习方法的传授等,让学生学会自主学习。

(二)本质

第一,教学是有目的、有计划的活动。说教学具有计划性、目的性,主要是在于教师是为了让学生获得知识与技能,实现多层面的发展。在教学活动中,教师需要从教学任务与教学目的出发,将课程内容作为媒介,通过各种方法、手段等引导学生进行交往与交流,促进学生的全面发展。

第二,教学是教师教与学生学的统一活动。前面通过对教学的定义进行介绍可知,无论就哪个角度而言,人们都不能否认教学活动是"教"与"学"的过程,并且二者是相互制约、相互依赖的关系。在课堂中,教师的教离不开学生的学,学生的学自然也离不开教师的教,因此二者是同一过程的两个层面。正如王策三在《教学论稿》中所说:"所谓教学,乃是教师教、学生学的统一活动;在这一活动中,学生掌握自身需要的知识与技能,同时促进自己身心的发展。"

需要指明的是,教学并不是教与学的简单相加,而是教师指导学生学习的过程,是二者相统一、相结合的过程。要想保证教与学的统一,不能片面地强调只有教或者只有学,也不能片面地简单相加,而应该从学生自身的学习规律与身心发展特点出发,进行教与学的活动。从这一点来说,教师教学能否成功的关键是学生的学。

第三,教学活动是教师与学生以课程内容作为媒介的共同活动。也就是说,在教师教与学生学之间,课程内容充当中介与纽带的作用。师生围绕这一纽带开展教学活动。因此,课程内容是教学活动能否开展的必要条件。

第四,教学是一项交往活动。也就是说,教学的本质是人与人之间的交往,是一种重要的社会活动,其体现了一般的人际交往与语言交际的特征。以英语教学为例,这一交往活动就表现为师生之间围绕共同的目标、共同的话题展开对话与合作,从而使学生不断提升自身的表情达意能力,提高自身的文化意识与情感态度,促进自身学习策略的进步与发展。

第五,教学的本质在于意义建构。教学活动的目的在于促进学生的全面发展,实际上这一目的实现的过程就是学生不断建构知识意义的过程,即学生对原有知识与经验进行重组,对新知识的意义加以建构的过程。在实际的学习中,学生只有将新旧知识的意义结合起来,才能真正地学好知识、掌握知识。

## (三)作用

教学的作用有很多,可以概括为如下几点:

第一,教学是以有目的、有计划的组织形式进行知识经验的传授,这有助于教学活动保证良好的节奏与秩序,从而提升教学的效果。各项规章制度对教学行为进行规范,使教学活动更具有整齐性与系统性,避免随意与凌乱,最终使教学变成一个专业性极强的特殊活动。

第二,教学研究者考虑知识的构成规律,经过科学地选择,将内容按照逻辑顺序编纂成教材,教师根据这样的教材进行教学,有助于学生认识世界,这要比学生自己选择知识更具有优越性。

第三,教学是教师在精心安排与引导的过程中进行的,其可以避免学生自身学习的困难,帮助他们解决具体的问题。同时,教师会选择最优的方式展开教学,这保证了学生学习的每一步都能顺利开展。

第四,教学不仅是为了传授知识,其要完成全方位的任务,既包含知识的获得、能力的提升,又包括个性特长的发展、品德的完善,这种全方位的发展只有通过教学才可以实现。

大学英语教学简单来说就是一种教育活动。对教师而言,教学是引导学生学习的教育活动;对学生来说,教学是教师的引导下的学习活动。学生是否得到发展是教学能否实现其目标的关键。

教学是一个师生互动的过程,是教师教和学生学、共同完成预定任务的双边统一的活动。具体来说,对大学英语教学进行界定主要涉及以下方面:

(1)大学英语教学是有目的的活动。在大学英语教学的不同阶段,其教学有着不同的目标,而教学目标又具体分为不同的领域与层次。

(2)大学英语教学带有系统性和计划性。这种系统性主要体现在其制订者的工作中,如教育行政机构、教研部门和学校的教学管理者等的工作。大学英语教学的计划性指的是对英语基础知识的计划性教学,如英语语音、词汇、语法、写作、阅读等具体知识和技能的传递。

(3)大学英语教学需要采取合理的教学方法和教育技术。大学英语教学经过深厚的历史积淀,形成了大量有效的教学方法。现代科学技术尤其是信息技术的发展,为大学英语教学提供了可以借助的多种教育技术。

综上所述,可以将大学英语教学概括为:教师依据一定的大学英语教学目的与教学目标,在有计划的系统性的过程中,借助一定的方法和技术,以传授和掌握英语知识为基础,促进大学生整体素质发展的教与学相统一的教育活动。

## 二、大学英语教学的目的

在当前时代背景下,大学英语教学的目标是提升与培养学生的交际能力。原因就在于,在大学英语教学中交际教学是十分重要的,其不仅与时代发展相符,还能够更好地实现大学英语教学的长远目标,同时符合中国国情,是大学英语有效教学的体现,也是实现素质教育的重要渠道。

(一)迎合社会发展趋势

在当今大时代背景下,国与国之间的交往日益频繁,这就要求高校学生应该努力学习语言与文化知识,获取语言与文化技能。世界是一个地球村,经济全球化使得交际呈现多样性,因此在英语教学中,教师除了让学生提升自身的语言能力,还应该提升自身的跨文化交际能力,应对交际中出现的各种变化。另外,随着多元社会的推进,要求交际者应该具备一定的合作能力与意识,无论是生活在什么文化背景中,都应该为社会的进步努力,树立自己的文化意识,用积极的心态去认识世界。可见,英语教学中的跨文化交际教学将英语的价值充分地体现出来,学生对跨文化交际知识的学习也与社会的发展相符,是中西方文化交流不断推进的必由之路。

(二)实现素质教育

现如今,我国对于素质教育非常推崇。作为一门基础课程,英语教学也是素质教育乃至文化素质教育的重要项目。大学英语教学是实现素质教育的一个重要工具,也可以说是一个主要渠道。这是因为英语教学除了知识传授外,还有文化素质与文化思维的培养,这与跨文化教学的要求有异曲同工之妙。因此,在教学中,教师必须将语言与文化的关系处理好,引入西方国家文化,汲取其中的有利成分,发扬我国的文化。

1.培养学生的文化感知力

注重跨文化交际研究,教师在英语教学中有意识地向学生传授一些文化背景知识,可以使学生更全面地了解西方国家的实际情况,进而能在适当的场合使用准确的语言表达自己的观点。此外,教师不断地向学生介绍一些英语文化背景知识和文化传统,可以让学生明白不同的文化、不同的语言具有不同的表达习惯和方式,可以提高学生对不同文化的感知力,增强跨文化交际意识和能力。

2.培养学生对文化的敏感性

对英语教学的任务而言,除了要进行英语基本知识和技能的传授,还必须培养并增强学生对中西方文化差异的敏感性。对于这项能力,学生可以在课堂上借助教师对中西方文化差异的讲解和跨文化交际的研究而达到这一目的。

如果在英语课堂组织的对话活动中,教师仅关注学生在语音、词汇和语法的准确性上,却忽视文化的差异性,就不利于学生语言运用能力的增强,无法准确灵活地使用语言。例如:

A: You look so pretty today.

B: No.I don't think so.

对于这组对话,其语音、语法、词汇均没问题,但是如果考虑到中西方不同的文化习惯,这种回答对英美人来说是难以理解的,因为这不符合英语社会的文化性常规。假如教师在英语教学中以此为切入点,比较中西方的文化差异,学生就能在潜移默化中提高对文化差异的敏感性,进而在今后的英语交际中也能特别注意。

(三)发展批判性思维

在新的时代背景下,大学英语教学应该不断培养学生的批判性思维,让学生对本国文化加以反思,然后采用多元文化的有利条件,对文化背后的现象进行假设,确立自己的个人文化观念。

(四)树立多元文化意识

对世界文化多样性的了解,有助于人们建立多元文化的意识与观念。不同文化产生的背景不同,是不能相互替代的。基于全球化的视角,各个文化群体之间的交流也日益频繁,因此需要对异质文化予以理解与尊重,努力避免在交际过程中出现冲突。在新的时代背景下的大学英语教学中,教师应该努力培养学生积极理解不同文化的态度,让他们对自身文化有清晰的了解,同时以正确的心态对待他国文化,应对世界的多元化。

(五)为学生创造学习异质文化的机会

当对中西方两种文化进行接触与了解时,不可避免地会遇到碰撞的情况,并且很多时候也会感到不适应。因此,大学英语教师应该帮助学生避免这一点,让他们有更多的机会了解异域文化,提升自身的文化适应力。

(六)有利于满足社会对英语人才的需求

时代不同,社会对英语人才的需求必然也存在差异性,因此英语教学的模式也必然存在差异。近些年,随着全球化的推进,国与国之间的交往更为紧密,这就需要英语发挥中介与桥梁的作用。英语运用得是否流利、准确,直接影响着交际的开展。因此,21世纪对英语人才的需求更大、要求更高。因此,开展英语教学显得更为必要,与21世纪的社会需求相符,也有助于培养出高标准的英语人才。

## 第二节　大学英语教学的发展历程回顾

### 一、20世纪50—60年代的大学英语教学

每个教育政策的颁布都与国家政治和经济发展的状况有着直接的联系,英语教育也是如此,其与国家在科技、外交及外贸等方面的发展有着密切关系。例如,我国在20世纪50年代倡导的"向苏联学习"的口号,使得这一时期俄语在我国非常流行,而英语却没有得到足够的重视。于是,在中华人民共和国成立之前,不少英语教师纷纷学习俄语,这种情况持续到20世纪80年代初。渐渐地,我国英语教师数量急剧下降,各个高校也意识到问题的严重性,于是要求改学俄语的教师重新学习和教授英语。但是,因为教师们长时间学习和研究俄语,英语教育技能基本遗忘,所以多数教师已经没有能力担当英语教学的重任。

### 二、20世纪70—80年代的大学英语教学

20世纪70年代末,我国正处在百废待兴的社会背景下,英语教学真正进入起步发展阶段,并且备受广大人民群众的关注,英语的重要性再次凸显。这一时期的英语教育者都积极投身英语教育事业,但是因为广大教育者的公共英语教学经验较少,加上

一些其他客观因素,这一过程遇到了不少障碍。这一时期我国的公共英语教学主要有两种倾向。

(一)专攻科技英语

确切地说,在1966年之前,我国的大学毕业生似乎并不大熟悉英语,三四年的大学教育并没有向他们传授一定量的英语知识,这就使得他们的英语能力较差。对此,外语界提出了一个最方便、快捷的学习英语的建议,即大学生可以在大学阶段专攻科技英语。于是,这一时期突然涌现了不少科技英语方面的名词,如"机械英语""电工英语""农业机械英语"等。然而,因为当时的科技英语教材编写得过于仓促、系统性不强,科技术语复杂难懂,加之学生的英语基础薄弱,使得科技英语教学的效果并不理想,最终完全消失在人们的视野。

(二)倾向听说领先

改革开放的推进使得我国与国外在教育、文化及贸易方面的交流日益频繁。于是,大学英语教学开始强调"听说领先",目的是更好地与外国人进行各种往来,以吸取国外先进的科技、文化,推动我国社会的发展与进步。然而,"听说领先"的建议似乎仅能解决与外国人的日常会话问题,而无法与外国人进行深入的交流,所以这一倾向也很快不了了之。

## 三、20世纪90年代的大学英语教学

20世纪90年代,我国的大学英语教学得到了快速发展,迎来了我国第一个"英语热"的时期。全国上下大范围地开展规模较大的英语轮训活动,很多英语教学理论也逐渐被大学英语教学接受,所以这一时期的大学英语教师在教学水平、理论水平等方面都得到了巨大提升。这一时期,我国提出了一个重要方针——"发展是硬道理"。

## 四、21世纪的大学英语教学

在 21 世纪的今天,英语这门世界通用语言越来越显示出它的重要性。2003 年,在《大学英语课程教学要求(试行)》已基本成型的情况下,教育部在北京交通大学召开了大学英语教学改革研讨会,该会议的主要内容如下:

(1)大力推进英语教学改革的原因。之前的英语教学大纲是以阅读为主的,兼顾听说。如今,要将培养学生的英语综合应用能力特别是听说能力放在首位。

(2)如何推进英语教学改革。英语教学改革的目的得到明确后,下面就要对改革的手段加以明确。

# 第三节 大学英语教学的现状及原则

## 一、大学英语教学的现状

### (一)教学模式传统单一

受大纲的影响,大学英语教学传统单一。教师是整个课堂自始至终的主角,学生在课堂上只是扮演听者的身份。这种教学模式大大地降低了学生的学习兴趣和学习主动性。由于教师过分地重视英语基础知识的传授,而严重忽视英语综合应用能力的提高,导致出现了"聋子英语""哑巴英语"等现象。虽然近年来英语教学也在不断努力寻找各种新型的教学模式,但"填鸭式""灌输式"的教学模式依旧存在,而且在课堂上教师与学生之间的交流也仅仅是问与答的交流,而没有过多的深入性交流,因此也就导致了学生空有语言知识,而不会学以致用。这样培育出来的学生不仅和《大学英语课程教学要求》提出的培养目标相背离,而且会逐渐被这个社会淘汰。

(二)教学方法不够科学

随着社会的发展,社会对外语人才的需求在不断发生变革,这就会使得学校培养外语人才的模式发生了变化,而教师的教学方法也随之有所改变。目前,我国大多数高等院校仍旧采用黑板、粉笔、教师加课堂的教学方法。教师独占讲台,学生主要是听课、记笔记以及做练习,这种传统的教学方法主要是为了应付考试,但是并不能满足学生的实际需求。

另外,大学里的公共英语教学大多采用大规模班级授课的方式,同时学生来自全国各个地方,而不同地区的教学水平又存在很大差异,因而学生的英语基础水平也存在很大差别,这就导致了教学内容众口难调的情况。在课堂教学中,教师很难照顾到每一位学生。即使是有条件实施小班教学的院校,大多数教师也仍旧倾向于采用传统的讲授方法,单调的授课方法无法调动学生的学习积极性,也就难以有效提高教学质量和教学效果。

(三)英语教材陈旧落后

教材是教师教授课程的重要工具。一般情况下,教师都是根据教材的编排顺序来安排课堂教学,教材决定着教学内容和教学方向。然而,现在的大学英语教材内容变化缓慢,陈旧落后的教材根本跟不上时代的变化,而且与社会严重脱节,这种忽视实用性的教材直接导致了教师教学内容陈旧,进而影响了学生英语水平的提升。同时,落后的教材与学生的实际生活相差甚远,从而导致学生对英语学习缺乏兴趣,直至把英语逐渐荒废。由此可见,设计出满足我国学生学习需求与教师教学需求的教材,是我国大学英语教学的当务之急。

(四)师资素质逐渐下降

师资力量薄弱是目前大学英语教学一个亟待解决的问题。

随着我国教育事业的不断发展,高等院校的招生也在不断扩大,导致了教师队伍的严重不足,师资不足的情况要求现有的教师要面临当前沉重的工作。甚至更为严重的是,不少研究生也承担了授课的任务。这些情况都导致了教师素质低下的问题。作为英语教学的主导者,英语教师素质的高低不仅会影响到教学的质量和效率,还会影响到学生英语学习的积极性与主动性。可以说,教师素质的高低关系到英语教学的成功与否。

(五)应试能力被过分推崇

之前已经明确提到,英语是我国学校教育中历时最长、学时最多的一门学科。学生们从小学到博士研究阶段,都会投入大量的精力去学习英语。但是,当学生们花费大量的时间去学习单词和语法后,依然没有真正掌握语言的运用技巧,他们不会用、听不懂、说不出。这主要是因为传统英语教学应试教育的倾向性。由于学校的选拔主要看成绩,并且以考试结果评价学校、评价教师的教学效果以及学生的学习效果,这就严重制约了英语教学的发展。

为了检验学生对英语的掌握程度,我国大学每年举行各种各样的英语选拔考试,其中最著名的是大学英语四、六级考试。虽然四、六级考试的设置为提高大学生的英语水平和英语能力做出了很大贡献,推动了我国的英语学习。但是,四、六级考试主要是考查学生英语单词、语法等的掌握程度,将选择题作为标准化的测试方法,将四、六级通过率的高低作为评价教师和学生的一个重要标准,在某种程度上助长了应试教育的风气。

(六)教育管理未被具体落实

从教育管理方面来看,教育部的相关领导对英语教学的改革问题进行过多次探讨,多次指示要大力推进公共英语教学改革。这些指示为大学英语教学改革提供了一定的指导和借鉴。另外,学校内部也在积极地采取相关措施不断地推进英语教学改革。

## 第二章　大学英语教学概述

但是,在这一改革的过程中,教师管得过死、教得过严,考试内容过于死板等问题仍然存在,不同的学生有着不同的学习特点和学习需求,而在这样的管理体制下无法满足具体学生的学习要求。

(七)文化教育的重要性被忽视

从世界范围上来说,高等教育正朝着国际化、多元化、合作化以及个性化的方向发展,因此外语教学不应该与文化教育分割开来。课程是教学的基本单元,所以也是培养学生多元文化意识以及跨文化交际能力的重要载体。

在我国的大英语课程中,大多数教师和学生都认为只要掌握了英语词汇、语音以及语法就等于掌握了英语。由于教师在教学过程中着力于语言知识的教学,忽视了英语文化背景知识的教学,从而导致学生在语言交流过程中遇到了极大的障碍。语言是交际的工具,如果不了解语言所承载的文化,就难以顺利地进行沟通,那么语言的学习就失去了意义。因此,教师在英语教学过程中要帮助学生多了解一些英语国家的文化背景知识。

(八)多媒体技术未得到充分利用

随着社会的发展和进步,多媒体技术逐渐应用于人们的生活中,网络英语学习软件也逐步被推广开来。在多媒体课堂中,教学课件的应用能够使教师和学生的角色发生重大变化。教师利用音频、视频系统将教学内容和图、文、像结合起来,使学生在任何角落都能听得清楚、看得明白。学生将注意力集中在课堂之上,并且参与到课堂活动中。可以说,多媒体技术的应用给大学英语教学注入了新的契机。

但是,只有少数高等院校可以实现多媒体教学,大多数学校由于设施简陋而无法进行多媒体教学。即使是实施多媒体教学的学校,多媒体课件也只是被当作辅助手段,也没有充分发挥出多媒体教学的优点。因此,多媒体教学方式任重而道远。

## 二、大学英语教学的基本原则

教学原则是教师根据一定的教学目标,并遵循一定的教学规律来指导教学的一项基本要求和行为准则。大学英语教学的基本原则不仅应该反映英语这门学科的特点,也应该反映学生学习英语的心理特点,同时还应该反映中国人教授英语与学习英语的特点。在具体的教学实践中,笔者总结了一些基本的教学原则,用以指导当前的大学英语教学,具体包含如下。

(一)真实性原则

英语教学的主要目的就是培养学生的语言运用能力,实现多种多样的课堂活动,提高学生的交际能力。要实现这一目的,教师就必须要强调真实和有意义,也就是要贯彻真实性原则。具体而言,大学英语教学的真实性原则主要表现为如下四点:

1.语言材料的真实性

在大学英语教学中,学生接触的语言材料大多都是编者或教师根据教学目标改编而来,这些材料一般具有信息量大、系统性强、便于课堂实现等优势。但不得不说的是,仅仅依靠这些材料对于培养学生的实际运用能力是非常困难的。同时,由于社会、家庭等缺乏语言学习环境,课堂成了学习英语的唯一场所,因此保证语言材料的真实性就显得十分必要。

努南(Nunan,2001)将坚持语言材料的真实性的意义概括为两点:(1)真实的语言材料往往具有非真实材料缺乏的一些特定言语特征。例如,在口语真实语言材料中,其往往会具备如下几个口语言语特征:发话人话语的犹豫、重复、自我修正等。当这些材料被编入教材之后,往往会对其进行润色,从而实现所谓的顺畅,但很明显就丧失了其真实性。(2)真实的语言材料能够使课堂教学更具多样性和兴趣化。如果仅仅依靠教材上的一些枯燥的语法、句型等,或者一些脱离实际的语言材料,往往会让学生觉得索然无趣,因此就很难融入英语教学中,也很难提升自己的学习效率。

从努南的观点中不难发现,语言材料的真实性十分必要。一般来说,语言材料的真实性主要包含两点:

(1)材料内容要真实

语言材料的内容应该尽可能地贴近学生的生活。这里的生活除了包含他们课上、学校内的生活,还包含学生课外、学校外的生活。通过这些与生活贴近的语言材料的学习,学生会感受到英语学习的实用性价值,会让他们真正体会到不仅仅是为了学习英语而学习英语,而是通过学习英语来接触社会、表达情感等,从而提高他们英语学习的积极性。

(2)语言形式要真实

语言材料的真实性还体现在语言形式上。具体而言,听力训练、口语训练从一开始就应该与学生的真实生活相结合,通过反复、长时间地接触真实的东西,可以使他们慢慢适应语言材料的风格与发话人的语素,从而提升学生的听力水平;词汇、语法的选择要指向生活,那些平时生活中交流要用到但是不雅的词汇、句子等也应包含在语言材料中;阅读材料、听力材料应该具有多样性,应包含多种体裁和题材等。

2.语言环境的真实性

在大学英语教学中,语言环境的真实性也是十分重要的,有助于帮助学生形成语境化的参考框架,构建主动的推理机制和语义表达,提高学生的表述能力和话语理解能力等。

语言环境包含情景语境和文化语境,前者属于显性因素,后者属于隐性因素。

在课堂教学中,教师在布置任务时应该对各种相关的语境因素有一个明确的规定,并且利用各种条件创设语境,使学生能够在真实的语言环境中进行操练。例如,多媒体等手段的使用就有利于真实性语言环境的构建。

另外,文化语境的参与往往是比较隐性的。在大学英语教学中,教师可以将日常交往中的中西方文化差异进行归纳、总结,这对于提高学生的跨文化交际能力有着积极作用。通过对比,可以让学生了解两种文化的价值观念、思维方式、社会规范等,从而使学生在地道的语言环境中锻炼自己的语言能力。

3.教学环节的真实性

在大学英语教学中,教学环节也要保证真实性。也就是说,学生在教师的指导下,通过真实感知、真实体验、真实实践、真实参与、真实合作等方式,完成教学和学习任务、感受成功。同时,教师在教学中需要不断进行策略和情感调整,从而使学生形成积极的学习态度,完善自己的学习过程,提升自己的语言运用能力。在真实的教学环节中,师生可以共同完成任务,使学生自然地习得英语这门语言。

4.教学能力的真实性

英语教学的目标不是培养学生的语法能力,而是语用能力。而这一能力往往贯穿于英语教学的始终,并且在教学中的各个环节都有融入。

在课堂中,教师应该设计一些具体的活动来让学生对语言进行运用。近些年,任务型教学法就是非常注重语言运用。通过运用,学生可以更好地传达意义和情感。

(二)合作性原则

大学英语教学需要坚持合作性原则,这不仅是大学英语教学的一个新的教学手段,还是能够保证学生在生理上、心理上、认知上、情感上投入学习的一个重要手段,是改变传统的被动学习、实现主动学习的重要步骤。具体而言,大学英语教学的合作性原则主要包含如下几点:

## 第二章　大学英语教学概述

**1.生生间的合作**

所谓生生合作,就是学生与学生之间互动、互补,在学生与学生间建立一种平等、安全、宽松的心理氛围,这是合作性教学中最有效、最直接的手段。众所周知,创造人格的一大表现就是勇于竞争、善于合作。学生与学生之间的合作学习不仅可以培养学生的竞争意识、合作意识,还可以体现出学生与学生间竞争与合作的结果。

一般来说,合作学习往往以小组合作作为导向,以小组间完成任务作为载体,通过团体评价机制这一保障体系,促进小组内学生间的竞争与合作,实现小组成员间的互补。这一合作与互动促成了学生之间的交流,弥补了学生个体的不足和片面性,形成了一种创造性的合力。

总之,学生与学生间的合作学习一定程度上保证了学生思维的积极状态,使复杂的学习过程简单化,激发了不同学生个体的潜能。因此,在大学英语教学中,教师应该从以下几个层面安排课堂教学,以保证学生与学生之间的合作。

(1)从不同学生个体的具体情况出发,将学生分成适应学生学习要求的小组。

(2)为学生确立他们经过努力就可以实现的学习目标。教师应针对学生个体的学习情况、能力水平、知识基础等,将每一节课的内容划分成多个层次,使学生都能以自己的实际水平为起点,通过合作学习实现自己的预期目标。

(3)要求学生与学生间进行协作讨论。在课堂上,教师应给予学生足够的思考问题的时间和机会,让学生主动参与到思考中。一旦学生的思维处于积极的状态,他们就会不断探索和学习。同时,小组合作式的讨论也可以激发学生思维的广度和深度。当学生经历足够的思考之后,教师给予学生一定的反馈时间,让学生对自己及自己的知识有一个充分的认知,并通过合作来纠正自己的错误,使知识得以进一步巩固。

(4)创设情境让学生有实际运用语言知识的机会。

(5)对于学生表现,学生自己应进行自我评价,进而由合作小组内其他成员对其进行评价,最后再由教师进行评价,并给予一些可行性的改正意见。

(6)课堂结束后,学生仍旧可以延续合作竞争式学习,以形成合作式系统。

2.师生间的合作

进入21世纪,知识经济在突飞猛进地发展,获取知识的途径也多种多样。但对于在校大学生而言,学习英语的主要途径仍旧在课堂。在英语课堂教学中,教师不仅应该让学生掌握一定的英语知识,还应该让他们不断培养自主学习知识的能力,即"会学知识",形成终身学习的意识。

虽然"学会知识"和"会学知识"仅仅存在一字之差,其含义却不同。很多学生都懂得广泛接触英语是非常重要的,但是在实际生活中他们并没有做到这一点。导致这一现象出现的原因除了学习时间不足外,最重要的原因是学生不知道如何学习,不知道如何广泛接触英语,不知道如何主动学习。因此,在大学英语教学中,教师应该给予学生足够的引导,向学生传授英语语言的特点及学习的步骤,使他们懂得英语学习是一个复杂的心理活动和社会活动。作为一种心理活动,学生需要利用各种学习技巧来解决学习中的问题,合理调用已有知识,储存新的知识,从而吸收和消化语言素材;作为一种社会活动,学生需要积极主动地与他人进行合作,保持良好的社会关系,从而实现共同提高。

另外,教师需要从学生个体的认知风格出发来安排学习任务,注意激发不同学生的学习特长,从而对学生的英语学习起到积极的促进作用。

在具体的教学过程中,教师应该做到如下两点:

(1)根据教学进度,教师应对教学内容进行转化,即转化成一组一组面向全体学生的、序列性较强的问题,用这些不同的问题来激发学生的行为和动机。

（2）在课堂上，教师应要求学生上台演讲、扮演角色、进行辩论等，用这些活动来激发学生的学习热情。

3.师生与教材间的合作

课堂教学离不开教材，因此也需要实现师生与教材间的合作，并以提高学生的英语综合运用能力为主。大学英语教学应帮助学生打下坚实的语言基础，掌握恰当的英语学习技巧，提高自身的文化素养，以不断适应社会发展的需要。但是，长期以来大学英语教师只有考试意识和教学意识，而没有课程意识；只考虑如何将内容全面地传授给学生，提高学生考试的通过率，而忽视了教什么、怎么教的课程意识。因此，在大学英语教学中，教师除了教授课本规定的内容外，还应该合理、主动地调整和丰富教学内容，将教材与教学紧密联系起来。

具体来说，教师应该从以下几点着手：

（1）针对不同学生的学习情况，教师应提供不同层次的学习材料。

（2）在教学中，教师应指导学生利用网络、报刊、书籍等媒介来获取更多、更丰富的知识，从而解决教学和学习中的难题。

（3）教师可以利用现代信息技术拓展教学的深度和广度，使合作教学更加方便、快捷。

（三）系统性原则

在大学英语教学中，为了能够让学生对所学的英语知识有一个完整、系统的把握，教师还需要坚持系统性原则，保证学生将新旧知识贯穿起来。具体而言，大学英语教学中的系统性原则要求教学工作、教学内容、学生的学习都要具有系统性。只有保持了这些层面的系统性，才能处理好教学活动的顺序、学科课程的体系、科学理论的体系及学生学习的规律，从而保证教学的有序进行。

## 基于自主学习的大学英语教学理论与改革研究

1.教学工作安排要系统

在大学英语教学中,教师安排教学工作要有计划和系统性。具体来说,主要应做到如下几点:

(1)备课要有计划性。教师在备课时不能要讲哪些内容就备哪些内容,应该根据单元或者每一篇课文,进行系统化的备课。将这一篇课文或者整个单元全部备完。

(2)讲解要层次分明、前后连贯、逐步深入。新旧知识应该贯穿起来,一环套一环,使讲解构成一个有机而系统的整体。

(3)教学步骤和技巧应与学生语言的掌握过程相符合。教学中应从课程的最终教学目的出发,从简单到复杂,逐步提高教学要求。

(4)练习的设置要具有计划性和体系性。要有计划性就是要求首先进行训练性练习,进而进行检查性练习;要有体系性就是要求相同的练习也可以呈现不同的要求。

(5)作业的布置应与教学重点相结合。作业的内容要有明确的目的,不仅要考虑课内,还需要考虑课外。

(6)要经常检查学生知识和技能的掌握情况,课堂上可以采用一定的提问形式,并对课下作业进行评定。

2.教学内容安排要系统

在大学英语教学中,教师内容的安排要有顺序性和系统性。例如,大一、大二年级的英语教材内容的安排应该是圆周式的,对该系统不要机械地去理解,切记不要照搬科学的系统,而应该灵活运用。简单来说,就是教师应根据教材安排的特点,加上教授班级的情况,对教学内容进行合理组织和安排,确定讲课的重点。如果出现生词,教师不要急于将该单词的所有解释、用法全部教授给学生;如果出现一条语法规则,教师不要将这条规则的所有知识全部教授给学生,面对这些问题教师应该分步教授,这样才能从简单到复杂,从分散到系统。

### 3.学生学习安排要系统

除了教学工作、教学内容的安排要具有计划性、系统性之外，学生的学习安排也应该具有系统性，也就是教师要引导学生进行连贯学习。因此，在大学英语教学中，教师对不同层次的学生都应该具有耐心，及时带领学生进行复习。

此外，教师还应引导学生正确处理好平时测试和期末测试的关系。教师需要让学生知道，应该将英语学习的重心放在平时，而不仅仅是为了应对期末测试，坚决反对那些平时不努力、临时抱佛脚的学生的做法。

### (四)兴趣性原则

正如爱因斯坦所说，兴趣是最好的老师，是推动学生不断进步的强大动力。在英语学习中，一开始学生是很有兴趣的，这是对新事物的好奇，但是由于之后教师的教学不当、考试体系不当而导致学生逐渐丧失了英语学习的兴趣。如果丧失了学习兴趣，那么很容易导致学生惧怕英语学习，因此教师必须要考虑学生的兴趣问题，坚持兴趣性原则。具体而言，教师可以从如下几点着手。

### 1.要了解学生真正的兴趣点

教师坚持兴趣性原则，首先就应该了解学生真正的兴趣点，关注他们感兴趣的问题和话题，这样才能做到因需施教。这就要求在平时的教学中，教师应该不断收集和发现学生感兴趣的问题，并将这些问题设计成课堂教学的素材，从而激发学生的学习动机和积极性。

### 2.要了解和鼓励学生的进步

除了了解学生感兴趣的问题外，教师还应了解和鼓励学生的进步，通过多鼓励、多表扬不仅可以激发学生的学习兴趣，还可以培养学生的成就感和自信心。对于大学生来说,学习的效果往往与他们的学习兴趣有很大关系。因此,在大学英语教学中,教师可以采用奖品鼓励、荣誉鼓励、情感鼓励、任务鼓励等多重手段来鼓励学生,从而激发学生主动参与、体验成功,学习英语的兴趣也会在这之中逐渐培养起来。

3.要深挖教材以激发学生的兴趣

教材在英语教学中有着重要作用。教师如果想调动学生的英语学习兴趣,还需要考虑教材的作用。因此,在准备教学时,教师应该对教材进行深入研究和挖掘,发现其中的兴趣点,最大限度地降低其中的枯燥点,从而保持课堂内容的新鲜感,让学生的学习更充满乐趣。

4.要改变传统的英语教学与评价方式

在传统的大学英语教学中,死记硬背、机械操练问题是十分常见的,这虽然一定程度上对于学生掌握基础知识是有帮助的,但是过多的死记硬背、机械操练反而更容易导致教学乏味、死板,使学生丧失学习的兴趣。因此,在当前的大学英语教学中,教师应该努力创设知识内容、技能训练所需要的情境,以不断开发学生的积极思维,帮助学生将已有知识内化为一种技能,最终使英语知识逐渐演变成自己交际的工具。

另外,传统的评价方式非常单一,这些评价方式在很大程度上扼杀了学生的学习兴趣。要想避免这种评价方式的消极作用,教师应该改变传统的评价方式,即不应仅仅依靠终结性评价,而应转变成以形成性评价为主,在平时的学习中对学生进行评价,重视学生参与的积极性、学习的态度、努力的程度、合作的情况等。

(五)灵活性原则

大学英语教学不应该是乏味的、死板的,还应该坚持灵活性

## 第二章 大学英语教学概述

原则。这是因为语言本身是一个不断发展、充满活力的开放性系统,因此只有在学习和使用中做到灵活多样,才能激发学生的学习兴趣和积极性。教师要坚持灵活性原则需要做到如下两点:

*1.使用的教学语言应灵活*

英语学习的主要目的是进行交际,因此学生只是听讲、记笔记是很难真正习得英语语言及内涵的,还需要真正参与到教学之中,从具体的活动和实践中习得英语这门语言。

为了能够让学生主动地、积极地参与到教学中,教师需要使用灵活的教学语言,为学生树立良好的榜样,同时能够培养学生运用英语的氛围。例如,教师可以适当运用英语讲解、提问和安排任务和作业,这样让学生知道英语是一门活的语言。另外,教师在布置作业时也不能是随意的,而是应该侧重学生的实践能力。

*2.采用的教学方法应灵活*

在大学英语教学中,教师还需要采用灵活的教学方法。这主要有如下几点原因:

(1)从教学历史来说,英语教学历史上有很多的教学流派,如语法—翻译法、交际法、视听法、直接法、认知法、自然法等。这些教学方法有其自身的优势和不足,因此教师在教学中应兼收并蓄,不能仅仅拘泥于一种教学方法。

(2)从教学内容上来说,教学内容是多样性的,不仅包含语言知识教学,还包含语言技能的教学,因此对于这些不同的教学内容也应该实行灵活的教学方法。

(3)从学生个体情况来看,不同学生间有着很大的差异,因此英语教学要考虑学生特点、教师特点、教学内容的特点等,创造性地开展多种多样的教学活动,灵活运用多种教学方法,以保证课堂的趣味性。

# 第三章　大学生英语自主学习能力的培养理念

大学生英语自主能力的培养理念不仅体现了一定历史时期国家和社会对英语教学的要求,也推动着当前英语教学的发展。对培养理念的厘清,有助于改变当前大学英语教学改革的现状,反思我国当前大学英语教学中存在的问题,从而更好地推动大学英语教学改革。

## 第一节　贯彻以学生为中心的教学理念

我国的英语教学通常以传统讲授式为主,教师是教学的中心,而学生则只是机械、被动地接受知识,学生真正的学习和发展需求常常被忽视,这对英语教学效果的提高极为不利。因此,教师应转变传统的教学模式,使教学的中心由教师转向学生,以学生为主体,使学生的主动性得到充分的发挥,从而提高学习和教学的效果。

### 一、什么是以学生为中心

以学生为中心是一种更注重学生在学习和发展过程中的主体性、潜力,尊重学生的个体差异与需求的教育理念和价值取向。以学生为中心的教育理念认为,教育应顺从学生的天性,激发学生对学习的兴趣,调动学生学习的积极性和主动性,使他们充分

## 第三章 大学生英语自主学习能力的培养理念

发挥各自的潜力,从而提高学生的学习效果,促进学生全面发展。

秉承以学生为中心的理念和价值的教学即为以学生为中心的教学。充分考虑并尊重学生的特征与需求,准确、全面地了解和把握相关的学习规律和需求是以学生为中心的教学开展的基础。

需要注意的是,虽然以学生为中心的教学应尽可能使每位学生的主体性得到充分发挥,学生的潜能得到发掘,但是由于很多学校的教学是依据一定的计划进行的,教学成本也是有限的,因此时间、资金、物质、人力等各方面教育成本的限制使得以学生为中心的很多教学实践为获得最大的效率和效益而在成本、规模和每名学生的发展与需求之间寻求一个最佳的平衡点。由此可见,在判断某一教学实践是否做到以学生为中心时,不能以统一的外显指标为依据,而是应该分析其是否以以学生为中心这一理念为价值取向,教师是否做到使更多的学生积极参与到学习中去,学生通过种种学习行为是否完成了学习任务并获得身心发展。

以学生为中心的教学并不意味着所有的教学因素都是由学生决定的,对学生需求的尊重也并不意味着满足学生的一切需求,让学生主动地学习和发展也不意味着任由学生根据自己的意愿学习。以学生为中心的教学也应时刻意识到,为社会培养人才也是教学的重要目标之一,同时教师需要制订科学、合理的人才培养计划。因此,以学生为中心的教学一方面要做到尊重学生的需求、符合学生的身心发展规律,另一方面还要社会对人才的能力需求加以分析、整合,依据合理的教学计划进行教学实践活动。

以学生为中心的教学对学生学习主动性的重视并不代表对教师在教学中作用的否认或弱化。相反,在以学生为中心的教学中,教师的作用会显得更加重要,学生学习的主动性、投入性以及学习效率等在很大程度上都是由教师的指导、引导、组织等工作所决定的。这也对教师提出了更高的要求,教师应时刻反思自己的教学是否激发了学生的学习兴趣,学生是否主动地进行学习,教学活动能否挖掘学生的潜能,学生能否达到预期的目标等。因此,以学生为中心的教学要求教师依据学生的需求来设置学习目标,在学生学习过程中鼓励、帮助学生,培养学生的学习责任感。

## 二、如何以学生为中心开展教学

学生是课堂学习的主体。《现代汉语词典》中说,主体就是"有认识和实践能力的人"。由此可知,学生能够作为学习的主体是因为他们具有一定的认识和实践能力。在英语教学中,教师要学生通过感官获取来自教材的各种信息,并学会对这些信息进行比较、分析、综合、概括,进行去粗取精、去伪存真、由表及里、由此及彼的思考,抓住事物的本质,发现事物内在的联系,从而归纳出事物的规律,确立科学的知识系统。经过这一过程,学生不仅学习了英语知识,培养了英语交际能力,而且可以在学习过程中培养出自主和独立学习的能力,学会独立解决新问题。可见,学生学习的过程就是不断主动丰富自己的主观世界、不断完善自己的内化过程。

### (一)充分地尊重学生

教育的最高境界是以人为本。要真正做到以人为本,最重要的一点就是教师要尊重其教育对象,即尊重每一名学生。学会尊重是做人的基础,作为教师首先要学会尊重自己,尊重他人。教师必须尊重学生,没有尊重就没有教育。尊重是教育学生的切入点。从尊重出发,通过有针对性的教育,最终达到学生健康发展的目的。因此,教师应该充分尊重学生。教师充分尊重学生有着非常丰富的内涵,下面就来详细阐述教师如何尊重学生。

1.尊重学生的个性发展

我国当前的教育教学对学生的素质教育是十分关注的,而素质教育和学生的个性发展有着紧密的联系,二者是相互依赖、相辅相成的。因此,在大学英语教学过程中,教师必须要重视个性

## 第三章 大学生英语自主学习能力的培养理念

化教学对素质教育的意义,同时加强学生思想品德的培养,提升学生的综合素养。

在大学英语教学中,教师尊重学生的个性发展主要受以下两点原因的影响。

(1)个性是素质教育的重要出发点。随着现代化进程的加快,社会的不同领域需要各种人才,因此在相同的教育制度下培养不同品质的人才成了教育的重点。很明显,传统的教育理念是行不通的,只有将学生的个性作为出发点,实施个性化教学,才能培养出学有所长的人才。换句话说,素质教育要求对学生的个性特征和主动精神予以尊重,开发学生的智力,培养学生健全的个性,只有这样才能适应不断发展的社会要求,也才能培养出有理想、有道德、有文化、有纪律的全面发展型人才。

(2)个性倾向性影响个体的素质发展。个性倾向性是推动人们进行活动的内部驱动力,也是个性发展最活跃的部分,它决定着学生个体想做什么或者想追求什么。可以说,人对外界的态度、对外界的认知往往是由人的个性倾向性决定的。个性倾向性主要包含动机、兴趣、爱好、需求、态度、信仰、理想等。这些因素都会对个体素质的发展产生重大影响。

首先,理性和信念对素质发展的影响。理想和信念是人不断发展和前进的精神动力,无论是对工作、学习还是生活都起着重要的激励作用。科学的、坚定的理想和信念往往可以推动人们积极、满腔热情地投入到想要追求的事业中去,也更有可能取得重大成就。可以说,理想和信念是人生的推动器。

其次,需求和动机对个体素质发展的影响。心理学家认为,需求和动机是一种刺激,有了需求和动机,学生才会付诸行动。因此,需求和动机在个体的素质发展中具有引发和强化行动的功能。

最后,兴趣和爱好对个体素质发展的影响。兴趣和爱好可以激发个体的求知欲。人们通常会对感兴趣的事物产生探索和求知的欲望,这一欲望驱使他们主动地去寻求答案。相关调查结果显示,一名学生对不同的学科有着不同的兴趣,不同学科的成绩也相差很大,感兴趣的学科的成绩一般比较理想。由此可见,兴趣和爱好是学生学习的内在动力,重视学生的兴趣和爱好有利于提高教学效果,培养学生的学习积极性和创新精神。

2.尊重学生的主体地位

在大学英语教学中,学生占据主体的地位。因此,教师应该以学生为中心,尊重学生的主体地位,只有这样才能突出学生的主体地位,充分发挥学生的主体作用,提高学生英语学习的积极性和主动性,从而有效地提高英语教学效果。

教师在英语教学中充分尊重学生的理念主要有三方面的含义。

(1)英语教学工作的设置和计划都要以学生为中心,在选择教材上也要充分考虑学生的兴趣爱好、心理素质等。

(2)英语教学环节的设计要考虑学生的实际需求,课堂中穿插的活动也要以学生为中心。

(3)帮助学生认识并确立自身的主体地位。这就要求教师在日常的教学过程中,注重培养学生自我管理、自主学习的能力,引导学生积极主动地参与教学活动,并养成独立思考问题的习惯。

综上所述,尊重学生的主体地位对于实施个性化教学非常重要。教师只有注重不同学生的差异性,将不同学生的自主精神发挥出来,才能帮助学生提高自身的素质。

3.尊重学生的自尊心理

自尊心是人类行为中最有渗透性的方面,对人类行为具有十分重要的影响。甚至可以说,一个人没有一定程度的自尊心、自信心和对自己的了解,就无法进行任何成功的认知和情感活动。

就英语教学而言,学生的学习效率和效果受到自尊心的重要影响,而学生的自尊心很大程度上来源于教师对学生的尊重。因此,每位教师都有责任尊重学生的自尊心,即使学生身上有各种

## 第三章　大学生英语自主学习能力的培养理念

各样的缺点,也不应表现出忽视或轻视的态度,而应多关注学生身上的闪光点,并予以肯定,这样才能帮助学生更好的进步。

### (二)培养学生的综合运用能力

对于语言综合运用能力的内涵,教育领域并没有提出十分明确、清晰的阐释,但是我们可以借助英语教学目标的阐述理解语言综合运用能力的内涵。

我国英语教学的目标是培养学生语言的综合运用能力。我国对小学、初中、高中、大学这四个不同学习阶段提出了不尽相同的、具有层次性的英语教学目标。但无论是哪一个阶段的目标,都是建立在语言技能、语言知识、情感素质、学习策略以及文化意识等素质整合发展的基础之上的,也就是说要发展学生的综合语言运用能力。然而,不少英语教师在实际教学中仍然把英语课作为纯知识课,过分注重语音、词汇等英语知识的教学,而忽视了语言运用能力的训练,甚至连对话教学也成了纯句型教学。因此,许多学生被一些语法规则纠缠,无法体会英语学习的趣味,甚至对英语学习有厌恶感、恐惧感,这些都给学生英语综合运用能力的培养和提高带来了很大的障碍。

学生语言综合运用能力的内涵应该包括知识、技能、学习策略、情感态度以及文化意识五个方面,即学生既要掌握一定的语言知识、语言技能,又要掌握一定的语言学习策略甚至是可以用到其他学科的学习策略,此外还要具备一定的情感态度以及文化意识。

#### 1.着眼于学生的全面发展

根据学生语言综合运用能力的内涵可知,学生语言综合运用能力的培养包括了知识、技能、学习策略、情感态度和文化意识五个方面。由此可见,语言综合运用能力不仅仅是英语知识的学习、英语技能的培养,还要求学生在学习策略、情感态度以及文化意识方面取得进步和发展。简言之,学生语言综合运用能力要求学生全面发展。因此,在培养学生语言综合应用能力时,教师要着眼于学生的全面发展。

英语教学的首要定位就是人的教育,因此英语教学不应该只局限于语言知识的传授与语言技能的培养,而应该关注学生的全面发展。也就是说,在英语教学中教师不应仅把帮助学生掌握英语知识放在首位,忽视学生的精神世界,应充分发挥学生的主体作用,帮助学生培养良好的社会责任感、严谨的治学态度、积极的情感等,注重学生的全面发展,为学生的终身学习打下良好基础。

随着知识经济时代的到来,知识更新不断加快,同时全球一体化扩大了人们的人际交往范围,对人们的交际能力提出了要求,对人们的综合素质也提出了更高的要求。只有具备了良好的素质,能够灵活运用所掌握的知识解决各种问题,才能在这千变万化的社会中生存发展。

教师在英语教学中要着眼于学生的全面发展,要注意激发学生对英语学习的兴致,培养学生的学习兴趣,帮助学生树立自信心,形成有效的学习策略,养成良好的学习习惯。

(1)教师应该相信,每名学生都蕴藏着极大的学习潜能。每一名学生都有丰富而独特的内心世界,每一名学生都具有自己的独特个性,学生之间是有差异的。与过去的学生相比,今天的学生在很多方面更具独立性,他们在许多问题上的思考都有独特性。要培养学生语言的综合运用能力,英语教师首先应该成为学生的朋友,与学生平等相处,只有这样学生才会相信教师,才会愿意与教师沟通,愿意向教师倾诉内心的想法,也只有这样教师才可以了解学生的内心世界,才能更好地帮助发掘学生的潜能,从而使英语教学取得更好的教学效果。同时,由于学生之间是有差异的,教师应该根据学生在英语学习中表现出来的不同学习特点做到因材施教,在教学中采用不同的对策,提供差异化的、切合学生实际的学习指导,给每名学生提供平等的学习机会。总之,教师只有了解学生独特的内心世界,了解学生的个性差异,才能在英语教学中为每一名学生创造表现自己的活动环境与活动机会,

## 第三章　大学生英语自主学习能力的培养理念

使每一名学生都积极地参与到教学活动中来,让学生在学习活动中发展自己的学习能动性、创造性、自主性和独特性,充分发挥学生的主体作用。

(2)教师要在英语教学中创造和谐的课堂教学气氛,尊重、爱护学生,实行情感教学,注意与学生之间的情感交流。教学是人的交际过程,这个过程是否有效取决于课堂气氛是否和谐。可以说,和谐的课堂交际气氛在某种意义上比好的教学方法更重要,而和谐的课堂气氛是实行情感教学的最关键之处。因此,为了创造和谐的课堂教学氛围,实施情感教育,教师在教学中要引导学生多使用英语,对学生所犯的错误不必有错必纠;教师要始终保持乐观向上的精神状态,对教学、学生都要有满腔热情,以引起学生的积极情感;尽可能让不同的学生在学习过程中获得乐趣,获得满足感与成功感。和谐的课堂教学气氛有助于学生取得进步和发展,当学生在课堂学习中能不断收获自己学习的成果时,他们的学习兴趣与积极性就会与日俱增,而这种学习兴趣以及积极性会反过来有助于形成和谐的课堂氛围。

### 2.以掌握语言技能为主要目的

学生学习语言是为了使用这种语言进行交流,而使用语言进行交流必须借助一定的语言技能,因此掌握语言技能是英语学习的主要目的。语言技能包括听、说、读、写四个方面以及这四种技能的综合运用能力。在这些技能中,听和读是说和写的前提和基础,而四种技能的综合运用能力是重中之重。在语言教学中应以语言输入为先,也就是说语言输入是语言输出的基础,表达技能必须以吸收技能为前提,一个人的语言运用能力必须在吸收信息与输出信息的交际过程中得到提高。听与读是吸收信息的主要途径,而说和写则是输出信息的主要途径,因此教师在英语教学中一定要引导学生通过大量的听、说、读、写的实践使学生掌握语言技能,提高综合运用英语的能力。

### 3.不可忽视语言基础知识

以掌握语言技能为英语学习的主要目的,并不意味着教师和学生在英语教学中可以忽视语言基础知识的教学。实际上,要培养学生语言的综合运用能力,必要的语言基础知识学习是不可缺少的。我们前面曾经提到,英语教学必须以输入优先。语言基础知识是发展语言技能的重要方面,是语言能力的有机组成部分,是形成能力的基础,因此学习必要的英语语言基础知识是必要的。当然,在英语教学中也不能过分重视英语语言知识的学习而忽视技能的培养。总之,要培养学生语言的综合运用能力,既不能把学习语言基础知识作为课堂教学的唯一目的,也不能为了培养学生运用英语的能力而完全否定语言基础知识的学习。

### 4.注重学习策略的培养

由于学生英语综合运用能力的培养与其学习策略有关,因此教师在培养学生语言综合运用能力时还要重视对学生学习策略的培养。教师在教学过程中需要指导学生根据自己的个性、学习特点等,探究正确的英语学习方法,寻找并培养正确的、适合自己的英语学习策略。我们提倡教学要以学生发展为本,要对学生授之以渔,实际上就是提出要教给学生英语学习策略。掌握正确的学习策略,可以让学生提高英语学习效率,收到事半功倍的学习效果。好的学习效率又可以提高学生对英语学习的兴趣与热情,提高课堂教学效率。

### 5.重视学生的心理因素

教师在英语教学中一定要重视学生的心理因素,这是因为学生的学习效果与其心理因素有十分密切的关系。心理素质不仅是影响英语学习的重要因素,也是人发展的一个重要方面,学生的心理素质对他们运用语言能力的高低有重要影响。学习动机

## 第三章　大学生英语自主学习能力的培养理念

是学生学习英语的首要心理因素,而对英语学习的态度、兴趣和情绪则是促使学生产生英语学习动机的最核心因素。因此,在基础英语教学中教师应该想方设法激发学生对英语学习的兴趣,提高学生对英语学习的热情,激发学生对英语学习的动机。学生只有对英语有了学习动机、有了兴趣、有了积极的情感,才会积极主动参与课堂活动,积极配合教师的课堂教学,才可能对英语学习保持有持之以恒的热情与动力,形成良好的学习习惯与求学精神,从而有利于其语言综合运用能力的培养。

（三）注重培养学生的思辨思维

在全球化趋势之下,世界各国之间的交际活动日益密切,国家之间的文化交流越来越多,我们不应用自己的文化、道德、价值观的标准去衡量和评价,或者拒绝其他民族文化,也不应盲目模仿、追随其他民族文化,而应以公正、宽容的态度对待其他文化,并坚持自己的民族的优秀文化。因此,基础英语教学中教师除了要帮助学生学习和了解世界文化,引导学生尊重和理解世界文化,还需要促进学生了解本国文化、反思本国文化,发展学生的思辨思维。

美国人类学家兼语言学家萨丕尔(Sapir)及其弟子沃夫(Whorf)提出著名的萨丕尔—沃夫假说(The Sapir-Wolf hypothesis)。该假说认为,语言结构与思维机构关系密切,人类的认识必然受到其所使用的语言的影响。语言的形式决定了使用这一语言的人们对外界的看法;语言如何描写世界,其使用者就如何观察世界;由于语言的不同,世界各民族对整个世界的认识和分析也不同。

目前,在我国的大学英语教学中,一、二年级重点教授英语基础知识,培养学生的基本技能、正确的学习方法和良好的学习习惯;三、四年级在巩固基本功的同时学习英语专业知识,扩大知识面,增加对文化差异的理解。从认知的角度来看,我国大学阶段英语专业学生的认知程度要高于其学习内容所要求的认知程度,因此其学习内容对其思辨能力缺乏应有的挑战,不利于学生思辨思维的培养。另外,当前英语教学中大量使用模仿、记忆、重述的机械练习法,无法培养学生分析、推理和评价的能力,造成学生的思辨空间有限,训练不够,无法有效培养学生的思辨思维。对此,我们不妨借鉴西方学者的研究视角,通过西方文化认知观念来改变我们传统的英语教学观念和教学方法。

我国文化强调感性思维和集体主义价值观,而西方文化更强调理性思维、个人的追求和发展。因此,西方学者更加重视对事物的客观认识和对个人思辨能力的培养。安杰利和瓦兰金(Angeli & Valanides)提出了四种提高学生思辨能力的教学方法:通用型(general)、混合型(mixed)、灌输型(infusion)和沉浸型(immersion)。课堂教学中,角色扮演、口头报告、小组对话、分析文章、合作学习、项目研究、论文写作等课堂活动往往比选择题更加有助于提高学生的思维能力。因为它们使学生在发挥主观能动性的同时能够积极思考,运用批判性思维,最终对所研究、讨论的事物形成全面的、客观的、独特的、辩证的观点,有助于培养学生的思辨思维。因此,教师在基础英语教学中,要运用角色扮演、口头报告、小组对话、分析文章、合作学习、项目研究、论文写作等多种方式进行教学,以提高学生的思辨思维。

同时,由于语言是文化的载体,我国学生学习英语的过程是学习英语文化的过程,而学习世界文化为学生打开了视野,给学生审视本国文化提供了良好的机会,使学生能够从多个角度看待本国文化以及目的语文化。在对本国文化与外国文化对比分析中,学生能够用新的视角去看待、考虑母语文化中的观点与现象,发现其中隐藏的文化内涵,并以多元文化的视角反思这些既定的价值观、信仰、行为方式。部分之前认为无可厚非的或者"天经地义"的观点在多元文化的视角下变得摇摇欲坠,部分新鲜的外国文化观念展现出其优越性。多元文化的碰撞促成了学生对本国文化乃至对外国文化的反思,并取其精华,去之糟粕,最终建立起属于自己的个人文化观念。只有广泛接触世界文化,了解世界文化的多样性，了解本国文化与其他文化的差别，学生个体的独特性才能得到自由的发展与充分的尊重，文化的繁荣昌盛才有可能实现。

## 第二节　重视学生学习的风格与动机

### 一、激发学生的学习动机

在英语学习过程中，人们经常把学习动机与英语学习联系起来。学生的学习动机强烈，说明他们的学习目标很明确，因此学习积极性很高，能够克服任何的学习困难，取得相当可观的成绩。相反，如果没有学习动机，成绩就会相当差。可以说，学习动机是学习成功的关键，因此教师需要激发学生的学习动机，保证教学的有效性。

(一)什么是学习动机

要想了解什么是学习动机，首先对"动机"一词有一个清楚的把握。

"动机"一词源于心理学，国内外对其都给出了自己的理解，众多观点既有相似之处，又存在一定的差异。

科温顿(Covington)认为，动机是很容易描述的，但是很难给出确切的定义。

迈尔和梅尔(Maeher & Meyer)认为，动机是一个理论概念，用以解释行为，尤其是目标导向行为的发起、方向、强度、持久性和质量。

英国诺丁汉大学教授德尔涅伊(Dornyei)认为，动机是人们对某一特定行为的选择，并为这种选择所付诸的奋斗和对奋斗的持续性。

美国心理学家安提纳·伍尔福克(Anita Woolfolk,2007)表述,动机是一种能够唤醒、指引并维持行为的内部状态。

20世纪中期,关于外语学习动机的理论在欧洲传播开来,随后在世界范围内引起了广泛的关注。关于学习动机的理解,不同的研究者有着不同的观点,下面就对其中有代表性的观点进行梳理。

加德纳和麦金太尔(Gardner & Macintyre,1993)认为,学习动机由实现目标的愿望、为实现目标付出的努力和对完成任务的满意度组成。

我国学者文秋芳(1996)将学习英语的原因和目的看作英语学习的动机。她的观点与梅德明和何兆熊(1999)的观点是相似的,他们认为学习动机是"学习者总的目标或方向"。

总体来说,外语学习动机应该包括以下三个方面:

(1)学习此外语的目标。

(2)在实现这一目标中所做的努力。

(3)所做努力的持久性。

(二)如何激发学生的学习动机

20世纪90年代中期以后,有关激发外语学习动机的策略的研究慢慢引起了人们的关注。加德纳和特伦布莱(Tremblay)在没有实证研究的基础上提出了一些动机激发策略,对课堂教学有一定的指导意义。1998年,德尔涅伊和应用语言学学者Csizer采用调查问卷的方法对200名匈牙利英语教师常用的动机策略进行了调查,并根据他们的认识和使用情况归纳总结出了10项能够有效激发学习者学习动机的教学策略。

(1)以身作则,树立榜样。

(2)建立良好的师生关系。

(3)提高学生学习语言的自信心。

(4)使语言学习过程个性化。

(5)强化学生的目标导向意识。

# 第三章　大学生英语自主学习能力的培养理念

(6)营造轻松愉悦的课堂氛围。

(7)正确说明学习任务。

(8)使语言课堂生动有趣。

(9)促进学生自主学习。

(10)让学生熟悉目的语文化。

德尔涅伊和 Csizer 的动机激发策略是在实证研究的基础上提出的,真实地反映了教师在英语教学中对动机激发策略的实际运用情况,对于指导教学实践有积极的意义。

之后,德尔涅伊(2001)又在上述理论的基础上,从四个方面入手,提出了一个系统性的二语动机激发策略框架,这四个方面分别是:激发学生初始的学习动机、保持和维护学生的学习动机、创设激发学生动机的情景教学环境以及引导学生进行积极的反思性评价和思考。

德尔涅伊的二语动机激发策略框架为今后的学习动机激发策略研究提供了理论基础。

斯莱文(Slavin)在相关研究的基础上提出,教师要充分利用学生内在动机和外在动机来激发学生的学习兴趣。例如,采用丰富多彩的教学活动保持学生的好奇心,提高他们参与课堂教学的积极性。同时,指导其树立切实可行的学习目标,并适时给予鼓励和帮助,通过内在动机与外在动机的结合提高学生语言学习的热情。

J.布罗菲(Jere Brophy)对众多动机策略研究的成果进行了总结,整理如下。该结论对于外语教学实践具有重要的指导意义,为大部分教师和学生提供了切实可行的激励学习动机的策略和方法。

1.遵守教学原则

J.布罗菲指出,教师在教学实践中首先要遵守一般性的教学原则,主要包括以下几点:

(1)首先注重培养学生的学习动机。

(2)尽可能增加自身和课堂对学生的吸引力。

(3)使用权威管理和社交策略。

(4)将课堂打造成为一名学生共同参与合作性学习活动的社区。

(5)教学的目的是使学生理解、欣赏和应用所学知识。

(6)重视学习动机中的期望和价值因素。

2.树立学习信心

自信心表现为个体对自身的评价、态度和认识,对于外语学习有巨大的激励作用,是进步的基础和成功的动力,可以从以下几个方面树立学生的自信心。

(1)教师制订切实可行的、能够促进学生学业进步的教学计划。

(2)帮助学生树立正确的学习目标,并认识到努力与成果之间的关联性。

(3)为水平较低的学生提供额外的帮助。

(4)帮助学生正确对待失败综合征。

(5)重视学习过程的评价和指导性的反馈。

(6)帮助水平低的学生树立有适当挑战性的目标。

3.激发外在动机

外在动机是由学习者自身以外的环境,如家长、教师、学校或社会等给予的促使其进步的因素。由这些外部诱因引起的动机一般持续时间较短,可以从以下几个方面激发学生的外在动机。

(1)表扬和鼓励学生学业上的进步。

(2)重视对学生的学习过程给予评价。

(3)引起学生对外语学习工具型价值的重视。

(4)提倡适当的、合理的竞争,并给每位学生提供平等的竞争机会。

4.激发内在动机

激发学生的内在动机是教师应主要采取的教学策略,因为内

## 第三章　大学生英语自主学习能力的培养理念

在动机对学习过程的促进作用效应强而且持久。学习本身就能够使学生获得满足,能够始终保持较高的学习兴趣。教师可以从几个方面激发学生的内在动机。

(1)培养学生的自主学习能力。

(2)关注学生的能力需求,在设计教学活动时,提供训练多种技能的有特色的、有意义的任务。

(3)关注学生的归属需求,多设计一些合作型任务。

(4)以符合学生的兴趣为教学活动设计的前提。

(5)在教学活动中培养学生的动手、动脑能力。

5.满足个体需求

学生的个体差异是客观存在的,由于遗传因素、成长环境、社会环境等的不同,学生的兴趣、爱好、性格、能力、特长等方面都体现出了差异性,这些差异性的存在就决定了他们有不同的学习需求,教师可以从以下两个方面入手以便最大程度地满足学生的个体需求。

(1)尽可能满足学生的不同偏好。

(2)在满足学生个体需求时,如果学生的长远利益与当前的偏好发生冲突,则要服从长远利益。

6.教师自身发展

教师作为学生学习动机的激励者,其自身的发展也是十分重要的。

(1)积累激发学生学习动机的知识和技能,提高自我效能感。

(2)提高元认知监控和自律能力,在处理问题时不急不躁。

(3)经常总结教学活动的得失,在反省中提高。

## 二、充分了解学生的学习风格

学习风格是教师了解学生学习行为的一个重要的、有效的工具。通过学习风格,教师可以充分了解学习者遇到的问题,从而帮助其有效的解决。教师对学生学习风格的肯定和尊重并且能够做到因材施教,不仅可以调动学生的积极性,增强学生的灵活性,也可以提高学生自主学习能力。可见,在大学英语教学中,学习风格是一把利刃,但是学习者的学习风格存在着明显的差异,这就要求教师应特别重视这点。

（一）什么是学习风格

对于学习风格,不同的学者给予了不同的界定。

美国中学校长联合会主席凯夫(Keefe)认为,学习风格是学习者特有的认知、情感和心理行为方式,包括认知风格、情感风格和生理风格三要素。它具有相对稳定性,可以用来衡量学习者是如何与学习环境相互作用并进行反应的,与学习者的知觉有关。

瑞德(Reid)认为,学习风格是学习者自然地、习惯性地吸收、处理和储存新信息以及掌握新技能的方式。

英国心理学家帕斯克(Pask)认为,学习风格是学生在学习过程中喜欢采用的某种特殊策略的倾向。

谭顶良先生将"学习风格"定义为:学习风格是学习者在学习中表现出来的具有个性化的认知方式和处理信息的方式,带有整体性和稳定性的特征。它常常不被学习者本身感知。它同时受到了社会因素、家庭因素等外部因素和自身性格、观念、语言水平、认知特点等内部因素的影响,是先天生理和后天发展共同作用的产物。

尽管学者们对"学习风格"的解释各有不同,但是分析其本质,又体现出了很多的相似点,大致表现为以下四个方面:

(1)强调学习者经常使用的或喜欢的学习方式或策略。
(2)强调学习风格的独特性和稳定性。
(3)认为学习风格具有可塑性。
(4)认为学习风格具有相对性。

学习风格是个性化的行为,是在长期的学习过程中逐渐形成

## 第三章　大学生英语自主学习能力的培养理念

的,很少会随教学方式或学习内容的改变而发生变化。但是,它并不是一成不变的,会受到外部因素和内部因素的影响。同时,学习风格没有好坏之分,也没有正确与错误之分,任何一种学习风格都可能会获得学业上的进步和成功。

关于学习风格的研究大概是从20世纪50年代开始的,"学习风格"这一概念最初是由美国学者哈勃特·塞伦(Herbert Thelen)于1954年提出的,一经提出便受到了众多学者的关注,并参与到对其的研究当中。

西方关于学习风格的研究大致可以分为三个阶段。

第一个阶段的早期研究大致从20世纪50年代中期到60年代末,主要是从学习策略、学习方式和认知风格方面探究学习风格的特点。

第二个阶段的近期研究大致从20世纪70年代到90年代中期。这一阶段侧重于用科学实验的方法研究学习风格中的各种组成要素,从整体到部分,研究各部分对学习风格的影响。

第三个阶段的现代研究开始于20世纪90年代末期,将学习风格的研究与教学实践相结合,对教师的"教"和学生的"学"有一定的指导作用。

随着个性化教学理论的盛行和人本主义教学理论的发展,我国学者也逐渐开始关注学习风格的研究,但是在目前阶段,这种研究还较少,并且多涉及理论和描述,实证研究较少,研究的深度和广度还有待进一步拓展。

(二)如何充分了解学生的学习风格

学习风格影响着学生的学习活动,进而也影响着整个教学行为。教师要充分重视学生的学习风格特点,采取不同的教学方法。教师应该如何充分了解学生的学习风格呢?具体来说主要做到如下几点:

1.树立专业化的素养

教师的专业素养是充分了解学生学习风格差异的前提。学生的学习兴趣与教师的人格魅力和知识素养有很大的关系。

首先,教师要博览群书,关注时事,在课堂教学中旁征博引,吸引学生的学习兴趣。同时,教师本身还对学生有示范性的作用,学生在教师的影响和熏陶下,也会逐渐养成阅读的好习惯。

其次,教师应掌握系统的教学理论知识,其中包括现代语言知识、外语习得理论知识和外语教学法知识在内的英语教学理论知识,还要了解教育学、心理学理论。此外,教师还应具有科学的英语教学观。学生、教师和英语是其三要素,学生是教学的主体,英语是教学的客体,教师是连接主体与客体的媒介,承担着帮助学生学习英语的责任。

再次,具备全面的教学能力,主要包括教学组织能力和教学实施能力。英语教师必须熟悉整体和具体的教学计划,依据课程计划实施教学,并保证三者的一致性;熟悉教学步骤和基本的教学原则;选择运用适当的教学参考书,认真备课,合理安排教学进度;课堂讲授条理清晰、科学准确、简洁易懂、逻辑严密;教学活动的设计符合学生特点;善于运用肢体语言,如表情、眼神、手势等非语言表达手段辅助教学;有较快的反应力和较强的处理突发事件的能力,保证课堂教学的顺利进行;能运用现代信息技术手段辅助教学,熟练使用多媒体技术、网络技术进行教学,开展课外活动和第二课堂活动等。

最后,教师要使学生形成对学习风格的科学认知。

(1)学习风格没有优劣、好坏之分,每个人都有独特的学习风格。

(2)每个人都要努力发掘适合自己的学习方式,只有适合自己的,才能达到事半功倍的效果。

(3)学习风格是变化的,学习方式是多样的,在不同的学习环境中运用不同的学习方式,才会有更全面的发展。

2.采用多样化的教学方法

采用灵活多样的教学方法是充分了解学生学习风格差异的

## 第三章 大学生英语自主学习能力的培养理念

有效途径。根据多元智力理论,教师会充分发掘每个人都有的相对优势的智力和相对劣势的智力,这时教师就会在教学中采用多种教学方法,因势利导,长善救失,发展学生的优势智力的同时,带动劣势智力的发展。

首先,课堂导入方式要不拘一格。良好的开端是成功的一半,教师在课程开始前的几分钟,利用丰富多彩的活动,尽可能在最短时间内将学生的注意力吸引到课堂中来。这种课堂导入方式可以是图像的形式,也可以是游戏的形式。

其次,课堂活动要多姿多彩。课堂教学活动的丰富性也是满足学生不同学习风格的需要,常用的教学方法有情境法、简图法、活动法、故事法等,在采用符合不同学生学习风格的教学方法时,学生的学习效率都会有不同程度的提高。

3.挖掘差异性的学习风格

首先,教师要尊重差异,提供人文关怀。既然学生的学习风格存在巨大差异,教师应该充分重视到这一点,并能够预见到这些差异对学生的学习活动的影响。这对教师提出了一定的要求。

(1)教师要树立学习风格差异的教学观。每位学生的学习风格是独特的,教师应该按照学生的特点来尽量提供更多的机会,增强他们的学习动机。

(2)教师为学生提供更多的人文关怀。教师应该在公平、公正的基础上,辩证地看待学生学习风格与教师教学风格的关系,平等对待每一位学生。

其次,弥补差异,丰富和拓展学习风格。某一种风格不可能适用于所有的知识,因此学生应该具有丰富的学习风格。学习风格有稳定性,但是也有其可塑性,通过后天的训练和实践,可以塑造新的学习风格。在实际教学中,教师应该均衡各种学习风格,然后配以与风格相一致的教学策略,从而拓展学习者的学习风格。例如,独立型学习者社交很差,因此可以安排一些多社交的活动或者小组活动来提高他们的社交性。

## 第三节　培养学生应用学习策略能力

### 一、什么是语言学习策略

学习策略作为一个概念最早是由布鲁纳提出来的,关于学习策略的定义人们观点不一,外国学者的观点主要有以下四种:
(1)学习策略是一种内隐的学习规则系统。
(2)学习策略是具体的学习技能和学习方法。
(3)学习策略是学习的步骤与程序。
(4)学习策略是学习者的学习过程。

中外学者对于学习策略的研究开始于20世纪70年代,到了80—90年代得到不断发展。随着二语习得理论的发展与完善,教育界和语言界的相关人士都意识到对学习主体研究的重要性,将研究的重点由教学法逐渐转向学习法。于是,学习策略成为外语教学研究的重要话题。

科恩(Cohen)认为,学习策略就是学习者为了达到提高对目标语言的认知和理解能力这一特定目标而产生的有意识的想法和行为。

奥马利(O'Malley)和查莫特(Chamot)将学习策略定义为"学习者用以学习、理解和记忆新信息的想法或行为"。

纽南(Nunan)将学习策略定义为"学习者为了学习语言而进行的心理上的、可交流的程序"。

我国学者对学习策略概念的研究开始于1980年,学者们的观点各不相同,大体可归纳为以下几点:
(1)学习策略指的是个体在特定的学习情境里用以促进其获得知识或技能的内部的方法的总和。
(2)学习策略是指学习者为达到一定的学习目的,在元认知

## 第三章　大学生英语自主学习能力的培养理念

的作用下,根据学习情境的特点调控学习方法的选择与使用,乃至调控整个学习活动的内部方式或学习技巧。

(3)学习策略是学习者在学习活动中有效学习的规则、方法、技巧及其调控。

(4)学习策略是学习者在学习过程中为达到一定的学习目标有意识地调控学习环节的操作过程。

虽然中外学者对学习策略概念的研究侧重点不同,但都在一定程度上揭示了学习策略的内涵。综合分析中外学者对学习策略概念的研究发现,要想全面了解学习策略的基本含义,还必须把握以下几点:

(1)学习策略是在学习活动的过程中形成的。

(2)学习策略的使用是一个动态的过程。

(3)学习策略既有内隐、外显之分,也有水平之分。

(4)学习过程中的学习方法、学习技能以及一系列的学习调控都属于学习策略的范畴。

因此,学习策略并不仅仅是学习活动的一个简单环节,也不是一种按部就班、被动式的学习过程,它是一种超越于一般学习程序之上的、主动的操作系统。这套操作系统会对整个学习活动进行严密的监视与调控。

综上,我们可以将学习策略定义为:在一定的情境下,学习者针对一定的学习任务,根据一定的学习规则,对学习的方法、工具及程序进行主动、有效的操作,最终达到提高学习效益和学习质量目的的一种操作对策系统。

## 二、如何培养学生应用语言学习策略的能力

不同学者对学习策略的认识和理解不同,对学习策略的分类也不一致。从语言教学的角度来说,Oxford 的分类更适合语言学习。Oxford 将学习策略分为以下几种。

## （一）元认知策略

元认知策略也被称为"调控策略"。"元认知"这一概念是由美国心理学家弗拉维尔（Flavell）在"元记忆"的基础上提出来的，他认为"元认知"就是"对认知的认知"，是人对自己的认知过程和认知结果的意识和控制。随着元认知理论的发展，语言学家将其纳入学习策略的概念中，并称为元认知策略。

元认知策略包括以下几个方面：

（1）计划策略，是指学习者以自己已有的认知知识为基础，为自己制订一个合适的学习计划，如预测难点、产生待回答的问题、确定学习目标、安排学习时间、分析如何完成任务等。

（2）监控策略，是指学习者要对自己的学习情况随时监控，如策略运用监控、阅读监控、记忆监控等，以使学习任务保质保量地完成。

（3）评估策略，是指学习者对自己的学习效果、学习方法和学习策略的使用情况进行评估，并及时进行学习策略的自我调节，不断提高学习效果。

### 1.元认知策略的内容

（1）预先准备，是指预先全面了解学习的原理和概念。

（2）预先预习，是指预先演练和计划语言结构，为将要学习的语言任务做好充足的准备。

（3）定向注意，是指预先决定好将注意力集中在哪一项学习任务上，忽视无关的干扰因素。

（4）选择注意，是指预先决定关注语言输入的哪些情节、细节和哪些具体方面，实现对语言输入的短时记忆。

（5）自我管理，是指认识和了解对学习有利的各种条件，主动创造这些条件。

（6）自我监控，是指注意语言表达的得体性和正确性，对于语法、语音、措辞等方面的错误要进行及时更正。

## 第三章　大学生英语自主学习能力的培养理念

(7)延迟表达,是指有意识地在初级阶段先通过听力理解来吸收,推迟表达。

(8)自我评价,是指检查自己的语言学习结果是否准确、完满。

2.元认知策略的培养

(1)培养学生的元认知意识

元认知策略的内容中包括对学生元认知意识的培养。元认知意识指的是学习者根据学习的具体条件和学习规律,自觉组织学习活动的能力。对元认知意识的培养有利于促使学生更好地支配和管理自己的学习,使学生成为学习的主导者。教师不应该只注重传授书本知识,还应教会学生获得元认知的体验和知识,鼓励他们勇于突破,不断获得有效的新学习方法。

(2)帮助学生制订学习计划和确立学习目标

所谓学习目标指的是学完一门课程后所能掌握的本领或需要达到的目的。通常制订学习计划和确立学习目标一起进行,并在一门课程开始时进行。教师应在学习前的准备阶段将总体学习目标介绍给学生,让学生对教学目标和教学内容有一个初步的了解,然后引导学生思考如何使用学习资源达到学习目标,同时培养学生搜集资料的能力,拓宽学生的知识面,激发学生的学习兴趣和内在动机。

(3)训练学生的元认知监控调节策略

教师要建立一个以学生为中心的课堂,充分发挥学生的能动性,使学生运用调节、监控和规划策略来对自己的学习进行管理、监督和指导。教师要发挥好促进者和示范者的角色作用,与学生共同完成学习任务,将学生视为学习活动的主动参与者,使他们明确自己的学习目标和学习内容,抓住每一次学习机会,管理和监控自己的学习过程。

元认知策略是较高层次的语言学习管理技能,在语言学习中具有重要作用,它能使语言学习者用元认知意识对自己的学习进行合理的评价、计划和监控。学生通过对元认知策略的使用可以培养自己自主学习、独立思考的能力,使自己真正成为学习的主人。

(二)认知策略

认知策略是指学生为了完成具体学习任务而采取的步骤和方法。我国著名学者邵瑞珍认为,"认知策略是由人们所掌握的关于如何学习、记忆、思维和解决问题的方式方法的知识构成",据此她指出"认知策略是由一类特殊的程序性知识构成的"。

1.认知策略的内容

概括来讲,认知策略主要包括以下内容。
(1)复述,是指将输入信息中需要记忆的内容进行复述。
(2)组织,是指根据句法属性或语义对概念和词等进行分类。
(3)猜测,是指运用书面信息或口语来预测结果、猜测词义、填补空缺信息。
(4)总结,是指对输入信息进行周期性的总结,以便更好地记忆。
(5)演绎,是指运用一定的规则来理解语言。
(6)归纳,是指通过使用例子来总结规则。
(7)意象,是指运用视觉表象来实现对新信息的理解和记忆。
(8)迁移,是指通过对已有语言知识的运用促进新的学习任务。
(9)精加工,是指在已有信息与新信息之间,或在新信息之间建立命题联系并加以整合。
(10)注意,是指将思想集中于重要信息或与学习有关的信息上,要对信息材料保持高度的警觉。
(11)简化,是指运用数字、符号、缩写、关键词等记录和储存信息。
(12)联想,是指建立起知识之间的联系。

## 第三章　大学生英语自主学习能力的培养理念

### 2.认知策略的培养

认知策略是学习策略的重要组成部分,但认知策略属于程序性知识,所以对认知策略的掌握需要采用符合程序性知识的学习方法。

(1)举例示范

认知策略属于对内调控的技能,其所涉及的规则和概念能够反映人类自身认识活动的规律,而人类的活动往往潜藏于人的内部,无法从外部直接观察到,教师很难通过直观演示的方法将这类概念和规律教授给学生。所以,教师如何通过具体的实例向学生示范策略应用的情形是认知策略教学的一个难点。

(2)反复练习与运用

认知策略所涉及的规则和概念具有很高的概括性,应用起来具有很大的灵活性。只通过短期的训练与教学无法使规则支配自身的认知行为,提高自身认知活动的效率。所以,英语的认知策略教学必须经过一个长期的、反复练习与应用的过程。

(3)符合认知发展水平

儿童的认知发展水平制约着策略的学习与应用,智慧技能的习得取决于对低一级智慧技能的掌握。因此,儿童认知策略的习得与其整个认知发展水平密切相关。例如,如果儿童头脑当中没有分类的概念,教师就很难教会他们应用分类记忆的策略。

在教学过程中,不仅要让学生学习到语言知识与技能,教授学生基本的认知策略也是非常有必要的,对认知策略的学习,可以使学生掌握正确的学习方法和学习策略,提高自我控制与调节能力,在具体的课堂中监控自己的认知过程,有效提高学习的效率。

### (三)情感策略

20世纪60年代以后,人们开始关注语言学习中的情感问题,并肯定了语言与情感之间存在着不可分割的关系。中外学者的研究都证明了学习主体的情感因素对外语学习的成败有着重要的调控作用和特殊的影响作用。积极的情感因素能够创造有利的心理状态,消极的情感会影响学生学习潜力的发挥,情感策略对外语学习成效的影响是深入、持久的。

1.情感策略的内容

新课程标准将情感态度与学习策略共同纳入了教学目标中,体现了教育的素质化与人本化,突出了情感因素对于学习的重要性。新课程标准认为,情感态度是指对学生的学习过程和学习效果产生影响的相关因素,主要包括动机、兴趣、意志、自信、合作精神以及在学习过程中形成的爱国意识和国际视野。

2.情感策略的培养

(1)培养学习兴趣,激发学习动机

内在动机是维持学习动机的基本动力,学生的学习动机是可塑的,并且学习动机贯穿于整个学习过程的始终。学习动机对学习活动有加强和促进的作用,而学习活动对学习动机也有增强和巩固作用。强烈的学习动机可以有效克服学生在语言天赋方面的不足,促进学生对外语的学习。

(2)分析成败,提高自信

自信是一个人对自身能力和价值的认识与评价,包括胜任感、成效感和认同感。自信对促进学生的学习至关重要。教师要对学生进行归因训练,帮助学生客观地认识自己、评价自己,引导学生正确对待学习中的挫折和失败,帮助学生选择最适合自己的学习方式。同时,关注学生性格特征,努力发现学生的亮点,帮助他们建立自信心,不断挖掘和维持他们的学习动力。

(3)磨炼学生良好的意志

为了使学生在英语学习过程中专心致志,保持持久的学习热情,除了具有强烈的学习动机以外,还需要磨炼他们的意志。良好的意志有助于使学生在遇到困难时具有坚强的毅力和顽强的

## 第三章　大学生英语自主学习能力的培养理念

自制力。

情感策略对外语学习的成败发挥着至关重要的作用,学生掌握了情感策略才能充分发挥积极情感因素对学习活动和学习效果的促进作用,达到事半功倍的效果。

# 第四章 基于自主学习的大学英语基础知识教学改革

英语基础知识教学包括语音、词汇、语法三个方面。人们想要全面掌握一门语言,首先需要学习的就是这门语言的语音、词汇、语法。语音是一门语言的物质基础,词汇是一门语言最基本的构成要素,语法是一门语言之所以称为一门语言的规则体系。本章就来分析基于自主学习的大学英语基础知识教学改革。

## 第一节 基于自主学习的大学英语语音教学改革

### 一、大学英语语音教学简述

#### (一)大学英语语音教学的意义

语音作为语言的基本存在形式,是学习语言的基础,体现着语言的本质特征。人们之所以可以运用语言进行沟通和交流,主要是因为语言自身具有两种基本形式:语音、文字。人类社会最先出现的是口语,然后才出现了书面语,可见语言首先是一种有声的工具,人类就是凭借有声的语言才能达到思想、情感方面顺利交流的目的。事实上,世界上的任何一种语言都是记录有声的语言,是一种表现媒介。也就是说,语言是不能离开语音这一基本存在形式的,语音是形成语言的关键因素,是第一位的。任何

## 第四章　基于自主学习的大学英语基础知识教学改革

一种语言如果离开了语音就不会存在。

人们使用语言进行交际,就是通过语言的"物质外壳"——语音这一形式传达信息的,从而了解彼此的思想和情感。个体在学习母语的过程中首先学习的并不是文字,而是语音,即通过"听"声音来获取信息。在牙牙学语时,婴幼儿往往通过"听"来获取和理解语音符号与事物之间的关系。随着婴幼儿心理和生理上的逐渐成熟,他们所接收的信息量也越来越大,于是他们就会慢慢理解语言的有声符号所表达的意义。随后,婴幼儿就开始学习模仿大人说话和使用语言,从单个字到词组再到一句话,从笨拙的表达到熟练使用话语,最后就能随意扩展语言和运用自如。

综上可知,人类接受和形成语言能力首先就是从语音开始的。语音教学对于语言学习者而言是非常重要的,英语教学提倡"听说领先"。对于任何一名英语学习者而言,全面、系统地掌握英语语音是一个十分关键的环节。因为对于英语这门语言而言,语音与语法、构词法、拼法都有密切的联系。如果能够熟练地掌握英语语音,就有利于正确地利用声音来表达自己的想法,也有利于词汇、语法知识的学习。对于学习者而言,语音如果掌握不好不仅会影响他朗读和记忆词汇的能力,而且还会影响他对语法知识的学习。另外,个人的发音是否标准,不仅会影响他能否顺利理解对方所表达的话语,而且也影响他自己思想情感的表达,从而不利于交际的顺利进行。因此,英语语音是学习英语这门语言的第一关,是学习者英语入门以及继续学习、发展的基础。

(二)大学英语语音教学的现状

1.教师发音不标准

作为语言的基本功,语音看起来简单,但实际上要想做到发音准确是十分不易的。部分英语教师自身也存在发音不准确的问题。还有一些英语教师不分英式发音和美式发音。这在我们看来似乎没什么,但在英语本族人听来就十分怪异了。因此,教师只有提高自己的语音水平,对自己进行专门的语音培训,才能有效解决这些问题。此外,教师还可以利用多媒体、网络等科技设备来帮助学生练习发音,这样不仅可以确保学生学习到准确、地道的发音,也能确保每一位学生都可以听得清楚,从而起到正音、正调,提高学习兴趣的目的。

2.受母语干扰

我国大部分地区都是从小学三年级就开设英语课程。尽管如此,很多学生的发音仍然很不标准,其中一个重要的原因是汉语和英语在语音系统上存在较大差别。长期以来,学生的音调等把握不准又得不到及时的纠正。例如,对于单音而言,英语中的单音有20个,但汉语中的单音只有10个;英语中的辅音有24个,但汉语中的辅音只有21个。英汉两种语言单音上的不同导致学生在学习过程中遇到各种各样的发音困难。从音节角度来看,英语单词通常是由一个音节或多个音节构成,并且还有开音节与闭音节的区分,但汉字每一个都具有一个独立的音节。从重音角度来看,英语通过重音来计时,但汉语却以音节来计时,这就使英汉语言节奏方面存在很大差异。

3.不重视语音教学

语音是语言得以存在的物质基础,任何一种语言离开语音就不能存在。可见,语音教学对于任何一门语言的学习而言都是极其重要的。对于英语教学而言,语音教学同样也不例外,应该贯穿教学过程的始终。但从我国的英语教学实际情况来看,很多教师往往忽视了对语音教学的重视。

教师对于学生语音学习过程中所遇到的发音问题不进行认真纠正,如很多学生将浊辅音发为清辅音,这导致很多学生没有掌握纯熟的发音技巧。没有打好语音的基础,学生就难以在字母与语音之间建立联系,从而在听的过程中不能立刻给出应有的反应。可见,教师不重视语言教学造成了学生的发音不地道、语流

## 第四章　基于自主学习的大学英语基础知识教学改革

不通畅。

**4.学生练习机会少**

在我国的英语教学中,语音教学通常出现在初级以及中学阶段,虽然教师会给学生留出专门的练习发音时间,然而这样的时间却是严重不够的。此外,到了大学阶段,语音是与其他语言技能同时进行讲授的,那么教师为语音留出来的时间就非常少了,学生练习语音的时间更是少之又少。可以说,这是当前我国语音教学需要给予高度重视的一个现象,需要引起相关部门以及授课教师的重视。

对于该问题,可采取以下措施来缓解:

(1)在课堂教学的45分钟内,教师应该提前规划好教学过程,安排好教学进度,合理调整教学顺序,坚持让学生先听后说,听清楚、听明白之后再来模仿发音,进行语音训练。

(2)教师要及时发现学生在语音学习过程中所遇到的各种问题,并给予合理解决,指导并改正他们语音上出现的错误。

(3)在讲解语音理论知识的过程中,教师可以帮助学生纠正发音。如果课堂时间相对宽裕,教师就要带领学生开展语音练习,如进行语调、语流、重音、节奏等方面的练习,还可以通过竞赛锻炼学生的发音。

## 二、大学英语语音教学的革新方法

当教师引导学生掌握了英语语音基础知识后,要想提升学生的综合语音能力,教师还需要掌握与时代相符的语音教学法。下面就来具体分析和探讨大学英语语音教学的革新方法。

### (一)拼读训练法

拼读是每一名英语学习者都应该掌握的技能。语音拼读要求学生掌握英文字母在每个单词中的发音,并能够流利地读出来。在使用这种教学方法时,教师可以先从学生已经掌握并且十分熟悉的单词入手,让他们逐渐从元音字母、元音音素逐渐过渡到辅音音素。需要注意的是,拼读训练通常首先训练单音节词,然后在拼读双音节词、多音节词。在拼读双音节以及多音节单词时,教师需要引导学生注意重音的拼读。学生的拼读能力得到提升后,就能够逐渐学会根据音标来读出生词的读音。

(二)听音模仿法

在英语语音教学中,听与模仿是十分重要的途径,而教师发音水平、发音能力等是否良好影响着学生学习语音成绩的好坏。因此,教师在语音教学过程中要注意安排学生认真观看自己的发音口形,听清楚和准确之后再开始张口模仿。当然,在此之前教师需要教给学生一定的发音要领以及方法,让学生在理解理论的基础上进行模仿。例如,教师在教授音标时可以先让学生观看书上所给出的口腔发音图,让他们熟悉口腔内的各种发音器官,然后教师为学生示范发音,让学生仔细观察教师的口形,注意嘴唇的张合规律,在此基础上调动口腔内的发音器官进行反复的模仿与训练。如果有必要,教师可以安排学生自己对照镜子练习发音。

除了让学生模仿教师的发音之外,教师还可以在课堂上播放英语本族语人所录制的视频、音频等,或者让学生自己在课后找时间来观看和学习,这样可以有效帮助学生掌握正确的发音。除发音模仿之外,教师还应注意学生语音的重音模仿、基本节奏模仿、语速模仿、情感模仿、情景模仿等,从而提高整个语音水平。

(三)情景教学法

所谓情景教学法,是指在英语语音教学过程中有目的地创设、引入以形象为主体、具有一定情绪色彩的具体场景,从而激发学生的态度体验,深化学生对语音知识的理解,并引导他们在具体情景中积极进行语音实践活动,以此来提升语音教学的效果。

# 第四章　基于自主学习的大学英语基础知识教学改革

一般来说，英语语音教学实践中常使用的情景教学法主要包括下面几种：

1.配音

一些主题积极、难度适中、情节动人的影视片断比较适宜进行配音练习。在参与的过程中，学习者能够深化对影视片断中的发音技巧、语言特征、人物情感等内容的理解。配音时，学习者必须运用英语的发音方法将自己对视频资料的理解表现出来，将语音知识与词汇知识有机结合在一起，达到较好的学习效果。

例如，《当幸福来敲门》(*The Pursuit of Happiness*)是一部内容健康积极的影片，并且发音地道、难度适中，可选用下面的这个片断。

Twistle：Taxi!

Chris：Mr.Twistle.

Twistle：Yeah,hi.

Chris：Hi.Chris Gardner.

Twistle：Yeah,hi.Listen.What can I do for you?

Chris：I submitted an application for the intern program about a month ago…and I would just love to sit with you briefly…

Twistle：Listen,I'm going to Noe Valley,Chris.Take care of yourself.

Chris：Mr.Twistle.Actually,I'm on my way to Noe Valley also.How about we share a ride?

Twistle：All right,get in.

……

2.英文歌曲

一些朗朗上口、旋律动听的英文歌曲不仅有利于词汇能力的提升，在演唱过程中还可以丰富学习者对英语语音变化的积累。例如，英文歌曲《铃儿响叮当》(*Jingle Bells*)意境优美，非常适合作为英语语音学习的素材。歌词如下。

Dashing through the snow
In a one-horse open sleigh
Over the fields we go
Laughing all the way
Bells on bobtail's way
Making spirits bright
What fun it is to ride and sing
A sleighing song tonight
……

## 三、大学英语语音自主学习能力提升的途径

随着社会对英语人才需求应用性的提高,交际人员的表达能力、交际能力成了衡量人才素质的标准之一。如果仅仅依靠英语课堂教学,是无法满足日益细化的英语需求的,加强学生的自主学习能力成了解决社会人才供需矛盾的重要途径。下面主要探讨大学英语语音自主学习能力的提升方法。

要提升英语语音自主学习能力,学生可以从以下几个方面入手:

(一)培养语音自主学习意识

我国英语教学的展开主要是通过课堂教学,学生学习语音知识也是课堂上通过教师的口耳传授获得的。学生学习语音缺乏英语语音练习的语言环境,对语音学习兴趣不高。

在语音自主学习过程中,学生首先需要端正语音学习态度,了解语音对于交际的重要性,不断培养语音自主学习意识。学生只有有意识地学习语音知识时,其学习的主动性才会提高,语音学习的效果也会增强。

### (二)合理设计语音自主学习

英语语音自主学习涉及一系列的过程。在进行语音自主学习之前,学生应该了解英语语音学习的目标、内容,便于后续制订个性化的自主学习活动。此外,学生应该明确,语音的自主学习是建立在对课堂知识的吸收与巩固之上的。只有学生具备扎实的语音知识,才能有效地进行自主学习。

要科学设计语音自主学习,学生可以通过制订个人学习计划或者学习日志的方式进行,同时需要对自身的语音学习进行评估。对语音教学内容进行预习和复习也是语音自主学习的一个行之有效的方式。

除此之外,学生还可以利用课本、网络、教师等资源进行知识的整合与提高,使自主学习与语音教学有机结合起来,逐渐积累语音方面的知识。

### (三)监督语音自主学习状况

对语音自主学习进行监督与反思是语音自主学习的不可或缺的一个环节。受传统英语教学的影响,我国学生的自主学习能力较差,所以对语音自主学习的监督可以在教师的指导下进行。

课堂教学与课外自主学习的衔接是"双主"教学的关键。例如,学生可以通过网络与教师建立自主学习辅导平台,如邮箱、QQ、微信等。通过学生的学习日志,师生可以就语音理论难点、教学和实践中的难题进行讨论,使学生的自主学习得以深化。

此外,对自身语音自主学习状况的监督也可以涉及对语音板块的评估,学生通过对自身因素、节奏、语调的检测,评估自己的语音能力,从而为后续自主学习打下基础。

大学英语语音教学与英语语音自主学习的展开符合教学大纲对以学生为中心、教师为指导的教学要求。学生进行语音自主学习,有利于提高语音教学的质量和效率。在语音自主学习过程中,学生意识到语音学习的主体性与主动性对学习效果的积极影响,这有利于加强学生学习主人翁的地位,进一步激发学生学习英语的兴趣与积极性。

## 第二节　基于自主学习的大学英语词汇教学改革

### 一、大学英语词汇教学简述

#### (一)大学英语词汇教学的意义

词汇教学既是英语教学的一个重要部分,又是英语教学中的重要环节。20世纪中叶,随着语法翻译法和视听法相继衰落,语法教学逐渐退出历史舞台,一些以意义理解为目的、以交际活动为形式、以学生自身为中心的教学方法开始兴起。交际教学法的产生可以说是划分了英语教学时代:交际教学法前是语法教学的时代,而交际教学法后则为词汇教学的时代。

在词汇教学时代,越来越多的人开始意识到词汇在英语教育中的重要作用。只有先学习与研究词汇,才能使语言表达更有效、准确。语音、语法和词汇是构成英语语言的三个要素。词汇是语音和语法的载体,是构成语言大厦的建筑材料。对于英语学习来说,如果词汇量不足,将难以有效地进行听、说、读、写、译,交际也就无从说起。因此,掌握足够的词汇是成功运用英语的关键。

对于英语学习者而言,词汇是重点,也是难点。与语音、语法相比,词汇的变化形式更多。历史的演变、科学技术的进步以及其他语言的影响等都可能会使词汇发生改变。英语一词多义的现象是学习者英语学习中的一大障碍。目前,词汇对于英语教学的重要性越来越突出,无论是大学英语四、六级考试,研究生英语考试,还是其他英语测试如托福、GRE、GMAT或雅思考试,都有

## 第四章 基于自主学习的大学英语基础知识教学改革

一定比例的词汇试题。相关研究显示,英语词汇量与学生的英语成绩具有很大的相关性。

现在,外语学界都对如何帮助学生巧妙记忆词汇、提高词汇教学效率、促进学生的语言学习给予了高度关注。他们投入词汇教学研究,学习并发现新的观念,改进、激活词汇教学,研究新的教学方法,积极反思,旨在提高英语教学质量。具体来说,英语词汇教学的意义体现在以下几个方面:

1. 有利于提高学生口语表达的流利性

有学者指出,相当多的话语都是储存在记忆中的预制语块,因此运用语言的过程中常常会有重复的现象出现,可见语用语言并非总是创造性地临时根据特定的语法规则将单个词组合起来。

一方面,这些预制语块一般是约定俗成的,可以使文化差异给口语带来的语用失误大大减少;另一方面,这些预制语块可以使信息处理的压力降低,使口语表达更流畅。例如,在面对表扬或赞美时,英美国家人们通常会用"Thank you."来回应。如果学生熟悉这一套语,在实际的交际中则可以避免母语思维的影响,同时做出恰当的反应。

2. 有利于提高学生的语篇理解能力

无论在口语交际还是书面语表达中,发话人在表达自己讲话的思路时,往往会使用语篇标示词。这些标示词属于预制语块的范畴,有自身鲜明的特点。

例如,在英语教学中,如果听到教师说 in a word、to sum up、as a result 等语块时,学生就知道教师要做总结;如果听到教师说"Let me start with…""Let's start our class, what I would like to do is…"等语块时,学生就会知道教师要开始课堂教学了。借助这些常用交际语块,学生的交际能力、语篇理解能力以及听力能力会有明显的提升。可见,词汇教学可以为英语教学与学生英语技能的提高奠定良好的基础。

### 3.有利于提高学生的英语综合能力

词汇是一切语言活动的基础。同样,词汇对于英语学习也非常重要。可以说,离开了词汇的系统学习,英语教学活动中的听、说、读、写、译等其他基本语言交际活动不可能顺利开展。只有首先掌握英语词汇,才能谈及其他语言技能的提高,才可能提高英语综合能力。由此可见,词汇在英语教学中非常重要。可以说,词汇教学将直接影响英语教学的成败。

### (二)大学英语词汇教学的现状

目前,英语词汇教学有了较大的改进与发展,但仍然不乏一些问题。

### 1.教学方式陈旧

对于词汇学习而言,记忆至关重要,但记忆词汇是非常枯燥的,这就需要教师来缓解这种枯燥,即灵活采用多样化的教学方法来营造轻松的课堂氛围,激发学生积极学习。但是,在现在的大学英语词汇教学中,教师依然采用传统的教学方式,即教师带领学生读,讲解重点词汇用法,学生记忆单词。这种单一、乏味的教学方式不仅忽视了学生的主体地位,让学生始终处于被动的学习状态,而且也不能有效调动学生的积极性,甚至会引发学生的抵触情绪,这样是很难提高词汇教学的效率的。

### 2.教学缺乏系统性

现在的英语词汇教学普遍缺乏系统性。从小学到中学再到大学,所有的英语课本所包含的课文,其内容的主题都没有一个系统可循,几乎每一册课本都可能包含十个甚至更多的主题,如生活常识、人物事件、生态环境、旅游观光、社会道德、天文地理、历史经济等。词汇的联系在于词义,如果课文没有一个共同的主题,则其所含词汇就没有一个共同的纽带和轴心,也没有一个共

## 第四章　基于自主学习的大学英语基础知识教学改革

同的知识体系可以依附,因而也就不能形成一个可以展开或聚合的体系。这就导致词汇教学时也缺乏系统性,学生在对这些词汇进行应用、记忆、复述、联想时必然陷入一种无章可循的散乱状态。这种缺乏系统性的教材以及教学方法最终导致学生的英语词汇学习普遍患有一种反反复复、种多收少、进步慢、效率低的顽症。可以看出,词汇教学缺乏系统性正是这种顽症的根源,只有把英语学习纳入知识系统学习的轨道,用专门的知识系统来引领和组织英语词汇学习,学生才能更加有效地学习和掌握英语词汇。

3.学生死记方式不佳

记忆对于词汇学习而言是非常重要的,所以学生也十分重视对词汇的记忆,常通过死记硬背的方式记忆和积累词汇。学生虽然采用死记硬背的方式一时记住了单词,但这样背下来的单词是很难深刻记忆的,而且容易遗忘。实际上,每个词汇只有在实际的语境中才具有准确、清楚的含义,所以学生在理解和记忆词汇时应结合具体语境,这样才能增强记忆的效果。

4.学生重数量轻质量

数量的积累和质量的把握是词汇学习中的两个重要方面,二者相辅相成、相互统一。如果只重视数量而轻视质量,那么词汇学习将毫无意义;如果保障了质量而积累数量不足,那么词汇学习将难以进展。质量是数量的基础和前提,数量是质量的表现,只有将二者平衡,才能实现最佳的学习效果。但在学习实践中,学生普遍注重数量而轻视质量,只满足于对数量的积累,这非常不利于对词汇的理解和运用。

5.学生重词义轻用法

词汇学习不仅要学习词汇的含义,还要学习词汇的用法,但学生在词汇学习过程中常在词义的理解上投入大部分精力,这就导致学生只清楚单词的含义,而不明白单词的常用习惯表达以及相关习语等用法,进而造成学用脱节,在实际表达中不能有效运用。

## 二、大学英语词汇教学的革新方法

英语词汇教学的有效开展离不开新颖的教学方法,合理使用有效的教学方法可显著改善词汇教学的现状,提高词汇教学的效率。因此,在具体的英语词汇教学中,教师应不断创新和使用新颖的教学方法。

(一)任务型教学法

任务型教学法注重任务的真实性,强调以人为本,将学生置于教学的中心地位。用任务型教学法进行教学,可有效激发学生的学习兴趣和内部学习动机,真实自然的教学任务能够为学生营造语言运用的氛围,给学生留下深刻的印象,进而能够收到良好的教学效果。

在英语词汇教学中运用任务型教学法时,要遵循四项基本原则,即以学生为主体、情景真实、阶梯形任务链、在做中学。此外,采用任务型词汇教学法,关键的一点是设计好符合学生的各项任务,任务要具有可操作性,具有实际意义,能激发学生的兴趣和动机,能够让学生经历一些挑战、竞争,使学生感受到成功的喜悦,体验失败的遗憾,并深入挖掘学生的智慧潜能,使学生成为独立的学习者。

具体来讲,大学英语词汇教学的任务设计包含以下几个步骤:

1.课前准备

在开始实施任务之前,教师首先根据教学目标导入与课上内容相关的主题,并设置好学生感兴趣的切入点,为下一步任务的实施做好准备。教师可以利用影音设备让学生通过跟读、复读和

## 第四章 基于自主学习的大学英语基础知识教学改革

大声朗读等方式对已提供的生词建立起音、形、义的初步印象和概念。在词汇的口语和视听之间建立起联系,使学生在听到或要说到该词时能够迅速反应。

2.任务准备

当学生对单词有所认识之后,教师就可以为学生分配和布置任务。需注意的是,任务设计、任务选择、任务执行等必须科学实际、灵活开放、以人为本、为生活服务、注重实践并讲求实效。教师也可以根据教学目标和教学内容等,采用多样化的任务形式,或也可以将两种或两种以上任务形式相结合。例如,听说结合;情境表演任务;分组讨论;单词串联,故事接龙;自编对话,奇思妙想记单词;表演自编故事;词形联想,找出规律;复述课文,强化记忆;每日几题,巩固词汇等。此外,根据任务的不同以及教学效果的考虑,可以将学生分成几组,以增加互动性和竞争性。此外,在这一阶段,教师让学生明白任务的要求和规则,以便更好地实施任务。

3.任务实施

在具体实施任务阶段,学生根据头脑中已有的知识体系与教师布置的任务相结合,充分发挥其主观能动性,积极主动地投入思考,通过成员间的交流不断完善旧的知识体系并建立起新的知识系统,真正实现变被动学习为主动学习。实践证明,动手、动脑是学生学习的最好方式。在这一过程中,教师的角色发生了改变,由传统的知识传授者变为了任务的组织者和活动的监督者,其主要任务是鼓励和引导学生顺利完成任务,并适时提供帮助。在整个过程中,学生能够切实感受到自己是学习的主人,学习的积极性自然会提高。

4.任务结束与评价

当学生实施完任务之后,教师可组织学生互评、互测,及时发现问题和检验任务效果。针对学生出现的错误,教师要及时指出并更正,要给予有针对性的、以鼓励为主的评价,进而加深学生对词汇的理解和记忆。

(二)文化教学法

词汇与文化有着密切的关系,因此英语词汇教学不可忽视词汇文化知识的融入,教师可以采用文化教学法开展教学,即在英语词汇教学中融入文化知识,以丰富学生的文化知识,提高学生的词汇运用能力,教师具体可采用以下几种方法开展文化教学。

1. 融入法

我国学生都是在汉语环境下学习英语,很少接触英语环境,更是较少了解英语文化,所以在遇到与课文相关的文化知识时,往往会感到迷惑。此时,教师就要积极发挥其主导作用,采用融入法在课堂教学中融入一些英语文化知识,即在备课时精选一些与教学相关的文化信息材料,将它们恰到好处地运用到课堂上,以增加课堂教学的知识性、趣味性,活跃课堂气氛,加深学习内容的深度和广度,激发学生的求知欲。例如,对于 the Big Apple 这一表达,学生基本知道其字面含义,也有部分学生知道其是纽约市的别称。但大部分学生并不知其为什么是纽约的别称,此时教师可以向学生介绍美国的历史文化,这样既能丰富学生的英语文化知识,又能拓宽文化的视野。

2. 扩充法

课堂教学是十分有限的,但课外时间是非常充足的,教师可引导学生充分利用课外时间来补充文化知识,具体可采用以下几种方式:

(1)推荐阅读

在有限的课堂教学时间内,教师不可能将全部的词汇知识都传授给学生,对此教师可以引导学生进行课外阅读,一方面使学生充分利用课外时间扩大学生的知识面,丰富学生的词汇文化知

第四章　基于自主学习的大学英语基础知识教学改革

识,另一方面可以培养学生的自主学习能力。教师可以选择性地向学生推荐一些有关英美国家的社会文化背景知识的优秀书刊,如《英语学习文化背景》《英美概况》等,还可以引导学生阅读英文名著,让学生深刻体会英美民族文化的精华,从而扩大学生的词汇量,丰富学生的文化知识。

(2)观看英语电影

观看英语电影是丰富学生词汇量和文化知识的重要方式。很多英语电影都蕴含着浓厚的英美文化,而且语言通俗、地道,教师可以引导学生观看一些优质英语电影。通过观看电影,学生的积极性会被激发,而且能有效提高学生的文化素养和英语能力。

(3)开展实践活动

丰富的语言文化知识和灵活的实践应用能力是构成跨文化交际能力的重要部分,跨文化交际能力就是通过实际交际来感受不同文化间的差异,从而形成对文化差异的敏感性,并在交际实践中调整自己的语言理解和语言产出。因此,教师应积极为学生创设情境,鼓励学生积极参与实践活动,从而丰富学生的词汇文化知识。教师可以组织学生参与英语角、英语讲座等,让学生接触地道的英语,在英语语境中学习文化知识。

## 三、大学英语词汇自主学习能力提升的途径

学生词汇水平的提高仅仅依靠教师的课堂教学是不够的,还需要学生积极自主地学习,但学生有效的自主学习需要学生具备一定的自主学习能力。对此,教师可通过以下几种策略来提升学生的英语词汇自主学习能力,帮助学生更好地学习。

(一)明确学习目标

词汇学习目标是指导学习进程的方向性指标,能够避免学生茫无目的地进行词汇学习。学习目标根据不同的学习阶段与学习方式可以分为短期、中期、长期目标。学生可以在教师的指导

下制订自身明确而具体的短、中、长期计划,包括词汇学习的数量目标,也要包括词汇学习的质量目标。

学生的词汇短期目标可以针对具体的学习课程,联系本专业进行。长期目标可以联系自身的职业倾向,进行方向性词汇学习,从而为日后的语言交际打下良好的词汇基础。

这种明确的词汇学习目标能够使学生意识到英语词汇学习和自身的密切联系,从而正视自身在英语词汇教学中的主体地位,提高学生英语学习的积极性。

(二)选择学习方法

科学而有效的学习方法是高效开展词汇自主学习的基础和保障,能显著节省学生的精力与时间,取得事半功倍的效果。在词汇自主学习中,学生可以确定自身的词汇学习偏好,在分析自身的基础上,选择自己感兴趣的词汇学习方法。

(三)不断复习

复习是加深理解和巩固词汇的有效方法。在词汇自主学习中,学生要管理和调控自身的词汇复习频率,保证词汇记忆效果。复习时可以调动多种感官,如视觉、听觉等,从而丰富词汇在脑海中的印象。在日常生活中有意识地使用词汇也是进行词汇复习的有效途径。

## 第三节 基于自主学习的大学英语语法教学改革

### 一、大学英语语法教学简述

(一)大学英语语法教学的意义

对于语言学习而言,语法教学的意义是不言而喻的。总结来

# 第四章　基于自主学习的大学英语基础知识教学改革

讲,英语语法教学的意义集中体现在以下几个方面:

1. 语法教学促使学生关注语法现象

语法教学有助于学生更加关注语法现象,这对于学生长远的语言学习十分有力。这里通过一个例子加以具体说明。著名的英语教学专家施密特(Schmidt)曾经在巴西学习过西班牙语。最初他参加了一个西班牙语辅导班,该辅导班特别重视语法的教学。当学习结束之后,在巴西旅游时,他的西班牙语进步得也非常快。在平时与巴西人交流中,他发现一些语法项目是应用比较多的,而这些语法项目恰恰在课堂之上学习过。而且,他对这些项目越加重视,其掌握也就越牢固,因此他认为注意是习得的前提。可以说,尽管学生在课堂上学习的语法知识并不能足够支撑其流利地进行交流,但是这些语法项目会使他更加关注之前未注意的语法项目或语法现象,从而为其今后的语言学习打好基础。

2. 语法教学是英语教学的重要手段

语法能够使概念和语境之间建立起联系,从而帮助学生提高英语水平,所以语法教学一直是英语教学的一个重要组成部分。当前我国的语法教学存在一个严重的问题,即为学语法而学语法。这一现象背离了语法学习的目的,往往导致语法教学效果欠佳。事实上,语法只是学生学好英语的一个途径,而不是英语学习的最终目的。因此,语法教学应该做到以技能为核心、以实践为纲,引导学生正确的语法学习思路。

3. 语法教学帮助学生夯实语言基础

语法不仅对英语这门语言的输入有着重要的影响,对英语这门语言的输出也有着相应的影响。在英语中,输入词汇通常也需要依赖于语法的帮助。条件相同,如果学生的英语语法知识储备不够完全和系统,就会在无形中对语言的输入造成比较严重的影响;如果学生的语法知识掌握较好,则他们对英语语言符号的输入和处理就更高效。可见,没有有效的语言输入,就很难进行有效的语言输出,语言输入是语言输出的先决条件。从这一层意义上进行分析,语法教学在英语教学中所发挥的作用和所处的地位就非常明确了。

4.语法教学使英语听说能力趋向精确化

通过英语语法教学,学生的听力理解和口语表达能够向精确化方向发展,并且能使听力理解和口语表达更加精确。语法是一种重要的语言组织规则,在学生的词汇量有限的情况下,能够帮助学生遵照相应的语法规则创造出无限的句子。从这一点上进行分析,进行语法学习其实还很好地迎合了语法交际任务这一目的。

(二)大学英语语法教学的现状

虽然语法是英语教学的基础,对学生的英语学习起着重要的促进作用,但在教师的语法教学和学生的语法学习中仍存在着很多问题,教学和学习现状并不佳。

1.忽视语法的重要性

在英语学习过程中,语法所发挥的作用是不言而喻的。但是在英语教学中,很多教师认为学生在中学阶段已经基本掌握了语法知识,在大学中没有必要重点讲授语法,从而"淡化"语法教学,轻视语法的重要性。实际上,尽管大学生已经学了多年英语,但学习时间的长短并不代表学习的好坏。此外,虽然英语考试中没有直接针对英语语法的题目,但任何句子的分析都离不开语法,尤其是在阅读中,语法贯穿于英语考试的始终,在考试中占据着很大的分值。所以,教师应转变教学思想,重视语法教学,并引导学生积极主动地学习语法知识。

2.教学方式单一,忽视文化教学

英语语法复杂烦琐,学习起来也枯燥乏味,所以大部分学生

## 第四章　基于自主学习的大学英语基础知识教学改革

对语法学习不感兴趣。要改善这种情况,就需要教师采用创新性的教学方式,使枯燥的语法学习变得生动有趣。然而,在实际的英语语法教学中,大部分教师仍采用传统的教学方式,即先讲解语法概念和规则,然后做相应的练习。在这样的教学模式中,教师占据着主体地位,学生只能被动地接受,这不仅不符合现代教育的思想,也无法激发学生的积极性,更不能有效培养学生的语法能力。

此外,教师也没有将语法教学与文化教学结合起来,这样无法使学生明白因文化差异而造成的英汉语法差异,不利于学生深入了解和掌握语法知识。

3.忽视语言情境

在英语语法教学中,语法知识的讲解和学习仍然是在汉语环境下进行的,学生并没有太多机会接触地道的英语情景。但语法学习是服务于实际交际的,主要目的是应用于实际的生活,解决语言的交际问题。但我国英语教学的一个显著问题就是教师在教学中将具体的语法知识条目的意义的理解和功能运用与语境割裂开来,使学生难以准确理解某个语法知识点适用于哪种语言情境,这样不仅不能使学生有效掌握语法,也会使学生无法有效运用语法。

4.学生对语法缺乏敏感度

因长期在汉语环境下学习英语,学生深受汉语思维的影响,缺乏对英语语法的敏感度,这一问题在改错和写作中表现得十分明显。改错在英语考试中是很常见的题型,但学生普遍惧怕改错题,因为改错题中出现的错误也是他们经常犯的错误,所以他们很难发现题目中的错误所在。此外,学生在英语写作也常出现语法错误,这也是因缺乏语法敏感度而造成的。

5.学生缺乏有效学习方法

学生语法学习效率低,一部分原因就在于没有掌握有效的学习方法,使得语法知识的掌握太零散,不能形成完整的体系。在语法学习过程中,学生往往十分被动,通常是遇到新的语法问题时才会去学习。而且,学生在学完一篇文章之后,就将文章中的语法知识抛在脑后,这显然是不利于语法知识的掌握的。

## 二、大学英语语法教学的革新方法

合理运用教学方法不仅能解决教学中的一些问题,还能显著提高教学的效率,促进教学的发展。在大学英语语法教学中,教师可采用以下几种方法来提高学生的语法能力,促进语法教学的改革发展。

### (一)演绎教学法

演绎法是英语语法教学中常用的一种教学方法。采用演绎法进行教学就是先引导学生初步了解语法规则,然后通过举例验证所学的语法规则。演绎教学法主要涉及三个步骤:一是提出语法规则,二是举例说明,三是解释语法规则。语法教学中采用演绎法进行教学实际上是一个从理论到实践的过程。

演绎法的具体运用通常有以下两种形式:
(1)模仿造句,即以给出的例句为样本进行造句练习。
例如,教师为学生提供下列短语与例句:
green lawn, lovely dog, clean house, pretty garden, Helen
范例:Paul has the nicest house in the town.
学生可能输出下列句子:
Helen has the greenest lawn in the town.
Helen has the loveliest dog in the town.
Helen has the cleanest house in the town.
Helen has the prettiest garden in the town.
(2)变换结构。为使学生通过实践更加深入地体会与使用语法知识,教师还可以要求学生用给出的指示词将例句的语言结构

## 第四章　基于自主学习的大学英语基础知识教学改革

变换为另外一种类似的结构。

例如,教师要求学生根据不同时态中动词的变化规则,运用所给的副词或副词短语来变换句子。

Students have maths and chemistry today.(tomorrow,English and music)

Now Tom works in Nanjing.(ten years ago,Beijing)

Lily usually has breakfast at seven.(this morning,nine)

学生可能输出下列句子:

Students will have English and music tomorrow.

Ten years ago,Tom worked in Beijing.

This morning Lily had breakfast at nine.

这种教学方法一般适用于有一定难度且学生很难靠自己总结出规则的语法项目的教学,不仅直截了当、省时省力,教学效率高,还能较好地提高学生学习的自信心与积极性。但是,演绎法也有不足之处,它往往将大量时间和精力用于语法规则的讲解,练习方式也比较机械、枯燥,使学生失去了自己观察、分析、发现以及解决语法问题的能力。

### (二)归纳教学法

根据行为主义理论,外语学习是通过类比推理来学习的,因此需要特别强调归纳法。由此可以看出,行为主义者特别强调归纳法学习。归纳教学法是一种发现型教学方式,通过分析、总结语言使用规律,深化学生对语法的理解,提高学生发现、解决问题以及对比、归纳的思维能力。归纳教学法具体包含三个步骤:一是观察,二是分析和比较,三是归纳和概括。具体而言,归纳教学法先由教师呈现一些具体的语言材料,这些语言材料中包含所要学习的语法规则。之后引导学生在这些语言材料的基础上归纳、总结出语法规则。教师在呈现语言材料的时候可辅以图片、实物、影像等直观材料,为学生创设一个真实的情景,这在激发学生积极性的同时,能帮助学生建立语法规则与语言情境之间的联系,而且也能避免教师"填鸭式"教学的弊端。

这里就通过"虚拟语气"的教学来展示归纳法在语法教学中的使用情况。

(1)教师先播放 Jack Johnson 的歌曲 *If I Could*,并要求学生跟唱。

(2)教师展示如下短文。

If I were a boy again, I would practice perseverance more often, and never give up a thing because it was difficult or inconvenient…

If I were a boy again, I would school myself into a habit of attention; I would let nothing come between me and the subject in hand. I would remember that a good skater never tries to skate in two directions at once…

If I were to live my life over again, I would pay more attention to the cultivation of the memory…

(3)教师同时为学生展示歌词与短文。

(4)教师安排学生进行小组讨论,发现并归纳出虚拟语气的句子结构及句子中的动词形式。

(5)教师对学生归纳出的语法规则进行点评。

(6)教师为学生讲解虚拟语气的语法规则。例如:

We use the structure "if sb. were/could …, sb. would … " when the situation being referred is not real, it is hypothetical.

(7)教师安排学生以结对子的形式进行句型练习。例如:

If I were you…, I would… /I wish I could do…

(8)教师安排学生以四人小组的形式进行讨论,讨论主题如下所示。

A. If you were the English teacher of our class, what would you teach your students?

B. If you were the head teacher of our class, what would you do for your class and what changes would you make first?

## 第四章　基于自主学习的大学英语基础知识教学改革

(9)教师请各小组派出代表轮流向全班同学汇报讨论结果。

(10)教师针对小组代表的报告进行点评与总结。

在上述活动中,教师首先通过歌曲和短文导入本课内容——虚拟语气,学生可以在轻松、愉快的语境中发现、归纳出一系列语法规则。这种方式可以加深学生对虚拟语气结构的理解。然后,教师将学生分成若干小组,开展一系列教学活动,学生可以在完成任务的过程中愉快地感受和体验学习过程并获得学习的成就感。

(三)语法练习法

语法教学作为语言教学中的一项重要内容,其最终目的也是让学生能够将知识运用到实际中,从而更好地培养学生的综合素质和能力,因而就需要教师对语法练习进行科学、合理的选择和设置,有效地组织学生进行语法项目的操练。但是,采用练习法来操练语法项目并不是盲目进行的,而是分阶段进行的,通常需要遵循循序渐进的原则来让学生达到熟练应用的目的。

一般而言,语法练习法包括以下几个步骤:

首先,进行机械式训练。教师需要通过模仿、替换、不断重复来进行机械式的训练。机械式练习通常要求学生达到不用理解句子的含义就能做出迅速、正确的反应。

其次,进行内化训练。在完成机械式训练之后,教师可通过造句、仿句、改句、改错、翻译等方式来内化训练,内化训练通常要求学生围绕教学内容进行,要求学生能够达到熟记、理解的程度,并能做出正确的反应。

最后,进行交际操作训练。在机械式训练与内化训练的基础上,教师可借助场景对话或问答形式之类的口语训练进行最后的交际操作训练。这种训练方式最终要求学生能将所学的语法知识综合运用,能组织语言并迅速做出反应和回答问题。

(四)语境教学法

结合具体语境进行语法教学是一种非常有效的教学方法。

学生在语境中对语法规则进行体验、感悟、总结和运用,不仅能学以致用,而且对提升交际能力也大有裨益。借助语境进行语法教学有效弥补了传统语法教学中对外在语言环境忽视这一不良情况,具体可通过以下几种方式来设计语境,有效开展语法教学。

1.借助多媒体教学手段来设计语境

多媒体具有集图、文、声、像于一体的优势,多媒体可以为语法规则的学习和教学提供使用语言和用语言进行交际的具体语境,并且能够使静态化、枯燥的语法知识变得更加立体、有趣,并能充分调动学生学习的主动性和积极性。因此,在具体的语法教学中,教师可充分利用多媒体创设语境,让学生通过与以英语为母语的人士进行交际的过程中掌握语法知识。

2.借助现实场景来设计语境

英语教学通常也是发生在特定的时空和场合的,是在师生间展开的。一些从表面上看似单调乏味的日常教学实际上也蕴含着一些鲜活的情景语境,因而教师应学会善于发现并对这些现实场景进行充分利用,结合语法规则的特点来设计语境。以祈使句这一语法项目的讲解为例,祈使句的主要功能为表达命令、指示和请求,或者可以用来表示劝告、建议、祝愿和欢迎等意义。在具体的语法教学中,教师就可以利用师生、生生间的身份并配合一定场景来开展相应的情景教学。

3.借助语篇来设计语境

语篇能够为语法规则的归纳、比较与总结等提供较好的上下文语境。语法教学中的一些常见的语法知识点和项目,如冠词的使用、时态、主谓一致关系和非限定性动词的使用等通常都应置于一定的上下文语境中,只有置于语境中来讲授这些语法知识才能更加充分地体现和理解这些语法项目所蕴含的意义。

以时态教学为例,在传统的语法教学中,教师都是运用句子

## 第四章　基于自主学习的大学英语基础知识教学改革

来讲授各种时态的,各个时态间相区别的标志也通常是句中所出现的一些标志词,如 just now、often 等。这种形式的教学其实是有其固有的局限性的,单纯地局限于句子使学生很难全面地掌握某一时态的具体用法,并使学生很难依照语义需要来正确地选择具体的时态。因而,不管句型操练多少遍,如果该时态在某一语篇的具体语境中出现时,学生也相对会比较难把握和熟练运用这些时态。

通过语篇来设计语境,可以让学生在一个比较高的层面上全面把握时态的意义和用法。但是,借助这种方法来教授语法,通常也对教师提出了更高的要求,需要教师精心设计和选择语篇,并做好充分的备课。

### 三、大学英语语法自主学习能力提升的途径

语法学习贯穿于英语学习的整个过程,学生仅仅依靠课堂上的语法讲授是不能有效提高自己的语法能力的,还需要在课下积极进行自主学习。这就需要学生具备一定的语法自主学习策略,提高自身的语法自主学习能力。下面将对提升英语语法自主学习能力的途径进行探究。

(一)自主培养语感

如果有着较强的英语语感,对英语语法学习是十分有帮助的。因此,在英语学习中,学生应注重培养自身的语感,具体可通过以下方式进行。

1.朗读

朗读是培养学生语感的一种有效方法。一些学生总会因为自己语音不标准而被他人嘲笑,还有一些学生没有朗读的习惯而不愿意进行朗读。针对这些问题,教师应该在每节课前,让学生朗读几分钟的课文,随着积累的不断增加,就能取得显著的成效。

## 2.背诵

在朗读的基础上,学生还可以通过背诵来增强自身的语感。但是,背诵的内容应该根据自身的能力而定。如果自己的能力偏低,那么就背诵一些重点的单词或词组;如果自己的能力中等,那么可以背诵一些重点的句子或者段落;如果自己的能力比较高,那么就选择一些重点的对话或者课文来背诵。

总之,长时间坚持背诵,可以增强自己的语感,从而使自己在口语和书面上的表达能力都大大提高。

## 3.积累

在英语语法教学过程中,教师可让学生在课余时间搜集一些名言名句、优美的短文,并要求他们经常翻阅或背诵。名句短文多短小精悍、语句优美,读起来朗朗上口,在不断的翻阅和朗读中,学生自然就会运用了,并会有意识地去模仿,久而久之,学生的语感就会得到提高。

## (二)掌握有效的学习策略

在语法自主学习中,学生还应掌握一些有效的学习策略,以提高学习的效率。

### 1.克服母语的影响

由于英语和汉语属于不同的语系,因此学生在语法的学习中必然会碰到各种各样的障碍,主要有以下几点:

(1)汉语中没有动词的时态变化,英语中则有。

(2)汉语中没有名词单复数的变化,英语中则有。

(3)汉语中定语大多都是前置定语,而英语中大多都是后置定语。

(4)汉语与英语的状语位置不同。

在语法学习过程中,很多学生会按照汉语的习惯来排列英语

## 第四章　基于自主学习的大学英语基础知识教学改革

中的词汇,这样造出来的句子往往不符合英语语法的规则,甚至会闹出笑话。在英语语法自主学习中,学生应有意识地客服母语的负面影响。

2.有效抓住语法知识的重点

语法是一个复杂的系统,所涉及的内容十分广泛。因此,在语法自主学习中,学生应该抓住重点,分清主次。语法的内容包含词法和句法,但是在实际的自主学习中,学生应该以句法为主,运用句法的学习来带动词法的学习。这是因为句子是交际的基本单位,这就要求学生应该准确掌握英语的基本句型。英语中的句子是无限的,变化也多种多样,但是其中也蕴含着规则,即都是在基本句型的基础上演变而来的。如果对这些有了一个清晰的把握,那么学生就基本掌握了英语语法的概貌。

3.及时进行总结整理

语法学习是一个积累与巩固的过程,所以学生要及时对学过的语法知识进行综合和整理。在我国,英语教学大多都是遵循教材而教授的,每一课都是按照教材的顺序一点一点展开的,所以学生也是由此开始一点一点地对语法知识进行积累。但是,这种方法往往导致学生不能对语法知识有一个全面的把握,因此在语法教学中,教师可指导学生自己去参考语法书进行相关内容的学习,从而使学生对这一项语法内容有一个牢固、透彻的掌握。

4.多进行实践训练

语法学习实际上属于实践性活动,如果不能准确运用语法,那么口语交际和书面写作往往都会出现问题。在英语语法自主学习中,学生应该运用多种形式来加强语法的训练,并且每一次的训练都应该与具体的实际相结合。学生可以做大量的听、说、读、写、译的练习,这几项技能是交际中必备的技能,是相辅相成的,当然也是锻炼语法的最好的方式。口头的练习对于培养和巩固学生的语法习惯非常重要,而笔头的练习有助于促进学生的语言组织能力,对于语序的安排、时态的使用、各种词性的运用都大有裨益。在具体的实践练习中,口头的练习要与笔头的练习相结合。

# 第五章 基于自主学习的大学英语基本技能教学改革

在改革开放政策的推动下,我国与世界上其他国家之间的沟通与往来日益密切,因此国内对精通专业知识的英语人才就有着很大的需求量,这就明显突出英语教学的重要性了。英语教学的终极目标是培养学生的综合语言运用能力。我国大学英语教学改革在不断推进,英语技能教学的重要性已经逐步彰显。的确,在英语技能教学中,听、说、读、写、译的教学都不容忽视。当然,学生也需要培养这五项能力。本章就来分析基于自主学习的大学英语基本技能教学改革。

## 第一节 基于自主学习的大学英语听力教学改革

### 一、大学英语听力教学简述

(一)大学英语听力教学的意义

1.可以帮助学生巩固语言知识

教学通过听力教学可以帮助学生巩固英语语言知识,从而进一步帮助学生建构自己的知识体系。我们知道,听并不是盲目地听、随意地听,它其实是一个信息处理的过程。在听的过程中,有两个方面是不可忽视的,一是对语言信息的理解,二是对语言信息的输出。可见,通过听,学生既可以训练自己的听力能力,也可以通过理解信息掌握语言的规则,实现对知识的构建。

2.可以帮助学生形成英语思维

良好的英语思维与英语语感对于英语学习而言至关重要,而要形成良好的英语思维和语感,就需要大量的听力训练。通过英语听力活动,学生可以熟知英语的表达习惯,分析中西方语言差异,进而学习和形成英语思维。英语思维的形成又能反过来促进英语听力的顺利进行,也能提高英语说、读、写、译能力。

3.有助于提高学生的语言运用能力

听力是一种语言输入活动,听力教学是语言输入的重要途径,通过听力教学,学生可以对语言的声音符号信息进行辨别和重新组合,进而准确理解所输入的语言信息。这种听力输入活动会对今后的语言运用奠定坚实的基础,听力是提高口语表达能力和写作水平的基础,只有足够的语言输入,才能有效进行语言输出。

(二)大学英语听力教学的现状

1.教学模式单一

教学模式单一是当前英语听力教学中普遍存在的一个问题。在具体的听力教学过程中,很多教师往往缺乏对学生有效的指导和监督,忽视学生对于语篇的整体解读,只是毫无目标地、机械地让学生听录音,一遍不行就放第二遍、第三遍,学生也只是盲目地听从老师的安排,一遍遍地、机械地听录音。这种单一的"听录音、对答案,教师讲解"的听力教学模式完全背离了教学初衷,不仅无法激发学生听英语的兴趣,而且使得听力教学失去了价值。

### 第五章　基于自主学习的大学英语基本技能教学改革

**2.教材脱离实际需求**

学生在课堂上所听的材料都是从教材中来的，因此离开教材，听力教学就无法进行，可见教材对于听力教学的重要性。不仅如此，没有科学、合理的教材，也谈不上有效的教学。一本好的听力教材不仅能开阔学生的视野，丰富学生的文化知识，还能为培养学生语言综合运用能力提供最佳的语料和实践活动。然而，在当今听力课堂上使用的听力教材的周期较长，教材内容比较落后，无法紧跟当今快速发展的时代。教材内容缺乏多样性和层次性，无法完整地展现最新的教学方法和教育思想。因此，更新听力教材的内容是需要引起教材编写者和听力教师重视的重要问题。

**3.听力习惯不良**

听力理解过程就是学生对听力材料的内容进行联想、判断、记忆、分析、综合的过程。我国学生由于缺乏这种逻辑思维能力，在英语听力的过程中就很可能养成一些不良的听力习惯。例如，有的学生在进行听力训练时，不会捕捉非言语提示、借助上下文进行推理，不会利用做笔记等策略来检索输入信息以解决问题等。也有的学生只听自己感兴趣的内容，对于枯燥的报告或新闻就采取放弃的态度，习惯性地从心理上拒绝了难度高的听力材料。还有些学生在听的过程中，往往因为某一个词、某一句话没听懂，就停下来苦思冥想，结果影响了后面的听力内容，错过了掌握大意的机会，从而影响了听力效果。实际上，听力的目的在于听懂文章大意，明确主要内容，而并不在于把每个词、每个句子都听懂。因为即便听懂了听力材料中的每一个单词，也不代表能理解一句话；即便听懂了材料中的每一句话，也不代表能理解一整段；即便听懂了材料中的每一段，也不代表能理解一整篇。因此，学生要想真正提高听力能力，必须克服不良的听力习惯，明白听力训练注重的是把握文章的主题和内容，而不是逐字逐句地听。

4.学生心理负担过重

很多学生在听力课堂上的心理负担过重,表现得非常紧张。当教师播放听力材料时,有的学生甚至会大脑一片空白,影响正常听力的进行。还有的学生由于成绩不好,缺乏自信,甚至产生自卑心理。一方面担心被老师提问,自己回答不出来;另一方面担心回答得不正确会被老师批评,被同学嘲笑。这都使得学生紧张不安、焦虑害怕。这种长期的压抑状态,导致学生心理压力过大,学习情绪不佳,很难提高英语听力水平。此外,由于心理负担过重,直接导致学生失去对听力学习的兴趣。学生抵触情绪愈高,学习兴趣就愈低,在这种状态之下,学生的听力水平当然很难提高。

## 二、大学英语听力教学的革新方法

### (一)体裁教学法

体裁教学法是产生于 20 世纪 80 年代中期的一种教学法,如今其被越来越多地应用到英语听力教学中,具体主要有以下几个实施步骤:

1.语境创立

体裁听力教学策略的第一个重要步骤就是语境创立。在这一阶段,教师指导学生分析语境的两个层次,进而使学生获得语境知识。语境知识的获得成为后续语言知识习得的基础。语境的两个层次:一是与体裁相关的文化背景,用研究某一体裁的社会目的和社会定位来区分不同体裁类别;二是情景背景,与语域相关,语域又受到场、方式和基调的制约,其中场是指文本与什么相关,方式即交流的渠道,基调即语篇制造者与语篇参与者之间

# 第五章　基于自主学习的大学英语基本技能教学改革

的关系。

语境创立是一种大概的背景知识介绍,为即将开始的文本知识获取设定基本的情景。具体到英语听力教学中,这一步要求教师对听力材料进行详细的分析,包括文化和语言两个方面的分析。在文化方面,教师有必要对与听力材料体裁有关的社会、历史、风俗习惯等背景知识进行分析,以使学生对这些背景知识有一个全面的了解。在语言方面,教师要分析体裁的图式结构,以使学生对这类文章的过程与特点有一个整体的了解,这也是教学过程的一个重点。

2.解构和建构语篇

首先,教师通过语篇模版来介绍语篇类型,着重强调语篇的社会目的及其是如何通过图式结构和语言学特征实现的。学习者将在有目的性的语言使用中获得语法知识。解构活动贯穿在整个文本中。

其次,教师与学生共同完成关于同一语篇的构建。教师和学生一起商讨意义,学生开始尝试构建语篇直到可以独自操作。在本环节中,教师可将学生分为若干小组,播放同一题材的材料,然后让学生在小组中讨论这些材料的结构、语言特点等。其主要目的在于增加学生的参与程度,学生只有参与到活动中来,才能积极主动地进行思考、学习,从而对语篇形成一个深入的理解。

3.独立分析

小组讨论结束后,教师可让学生听某一题材的一篇典型范文,然后要求学生模仿教师在第一步骤中使用的方法,即对语篇的文化和语言两方面进行分析。这一步骤改变了教师垄断课堂的局面,为学生提供了充分思考的机会。

4.模仿使用

学生通过自主分析掌握了材料的体裁特征后,教师可根据交际目的,选择社会公认的模式,让学生使用英语进行有效的交际,使学生在实际运用中牢牢掌握所学体裁特征,学以致用。

(二)任务型教学法

在英语听力教学中,教师可采用任务型教学法开展教学。任务型听力教学是让学生通过完成真实的听力任务来培养学生的听力理解能力,在完成任务的过程中,可充分发挥学生的认知能力,使学生在积极参与、互动、合作的活动中发展自己的听力能力,同时培养自身的自主学习能力、合作意义和探索精神。任务型听力教学强调学习任务的真实性,具体包含以下三个阶段:

1.听前任务阶段

听前任务阶段也就是准备阶段,在这一阶段教师要帮助学生激活已有的与听力材料相关的各种知识,并根据听力材料的内容适当地给学生补充背景知识,同时激发学生的学习动机。背景知识具体包含两方面内容:一是文化背景知识,二是形式背景知识。前者指的是对不同国家社会与文化的了解,后者指的是对文章文体、类型、组织结构等语言知识的了解。在听前帮助学生回忆已有知识,降低了学生听力理解的难度,使学生将旧的知识和新的知识结合在了一起,使学生在完成任务的过程中获得成就感。例如,在教授主题为 *The Oscar Statuette* 一课时,教师可以设计如下活动:

(1)教师利用幻灯片向学生展示从网上下载的奥斯卡金像图片。

(2)教师向学生提出如下问题:

What is the figure in the picture?

Can you describe the figure?

Why is it named Oscar?

(3)教师组织学生对问题进行讨论,并鼓励学生说出自己所

第五章　基于自主学习的大学英语基本技能教学改革

知道的关于奥斯卡及奥斯卡金像的信息。

（4）教师组织学生在课堂上陈述各小组的讨论结果。

（5）教师播放关于奥斯卡金像来历的视频。

学生经过图片展示、学生陈述、观看视频这三个环节后，他们头脑中关于奥斯卡金像的背景图式完全被激活并且得到加强，进而能够为接下来的听力练习做好准备。

2.听中任务阶段

这一阶段也就是听力实践阶段，主要是训练学生在适应语音、语速、语调的基础上，获悉文章大意、捕捉文章主要信息的能力，保证学生听的有效性。在这一阶段，教师可以设计一些具体任务。例如，教师可以设计一些细节问题，让学生重复听录音之后口头回答；或是一些文章中没有具体答案的问题，这样的问题有助于学生通过听前的图式建构和听中的信息获取积累背景知识，从而在讨论中有话可说。此外，教师也可以设计一些其他形式的口语练习，激发学生参与的积极性。

3.听后任务阶段

听后任务阶段的主要目的是检查学生任务的完成情况，分析学生的错误答案，也就是分析造成学生答错的原因以及改进的方法。培养学生在理解的基础上提取信息的能力也是这一阶段的主要任务。对此，教师要及时布置输出性任务，使学生通过语言实践将听到的语言知识转化为语言能力，这样便能够加速学生语言输入的内化过程，提高学生的听力水平。

## 三、大学英语听力自主学习能力提升的途径

（一）储备丰富的背景知识

学生听材料不仅仅是听懂语言的表面含义就够了，很多时候

只有弄懂语言背后的文化内涵才算真正听懂,也才能正确解题。因此,学生在自主学习过程中,要多储备相关的背景文化知识,具体来说可以从以下两个方面进行努力。

1. 积累具有文化内涵的词汇知识

具有文化内涵的词语就是指蕴含着丰富的社会文化意义的词或短语,这些词在英汉两种语言中的文化内涵有时相去甚远。例如,红色(red)这一颜色在色彩体系中是最耀眼、最鲜艳、最富有刺激性的一种色调,也是中国文化中的基本崇尚色,可象征吉祥、喜庆、顺利、成功、革命、进步、美丽。相比之下,red 在西方文化中则常常表示负面含义,如负债、亏损、放荡、淫秽、暴力、流血等。学生在平时学习中要多积累这些具有丰富文化内涵和联想意义的词汇,以便在听力过程中准确判断词义。

2. 积累与英语国家相关的习语知识

习语作为语言的精华,是人类智慧的浓缩,在人们的生活中发挥着重要的作用。所谓习语,就是习惯使用而形成的固定语言形式,是指人们通过对社会现象和生活经验进行总结而形成的,是经久流传下来的固定表达形式。可以说,每一种语言都含有大量习语,人们在日常生活中也会经常用到习语,因此学生在学习过程中要注意积累英语习语,为顺利进行跨文化交际奠定良好基础。例如:

Trojan horse 特洛伊木马
crocodile tears 鳄鱼的眼泪
An eye for an eye, a tooth for a tooth.
以眼还眼,以牙还牙。
Distance water cannot put out a near fire.
远水救不了近火。

# 第五章　基于自主学习的大学英语基本技能教学改革

(二)多听各种听力材料

学生听力能力的提高需要长期的坚持,其中坚持听各种材料,在不断的"磨耳朵"中不断提升听力水平非常重要。因此,学生在英语听力学习中,应养成听听力材料的习惯,不仅在课上要集中精力听教师播放的材料,在课下也要坚持多多益善原则,长此以往,听力水平必定会有大的提升。

1.听新闻

听新闻是一种可以锻炼学生听力能力的很好的方法。学生经常听新闻不仅可以了解国家大事,还可以锻炼英语听力。学生在听新闻时可以根据听力目的采用不同的听力方式,有时候并不需要对每一个细节都准确把握,对于自己感兴趣的东西,可以用心去听,而有些东西则只需有一个泛泛的了解即可。最重要的是,这是一个长期坚持的过程,因此学生不要带任何心理负担去听新闻,用轻松愉悦的心态去听,这样才会收到更好的效果。

当然,如果听新闻的目的是训练英语听力能力,最好还是用心去听。如果所听的新闻不是自己感兴趣的,那么可以听大致的意思。这时要注意听一些关键词,将所听到的关键词串联起来,新闻的大致内容也就清晰可见了。

2.听通知

听通知也是培养学生听力能力的一种有效方法。因为听通知要求掌握每一个细节信息,这对听力能力的提高有着重要的作用。例如,外出旅行时,离不开机场或车站的广播通知;获悉上车、登机时间或候车室、进出口等信息对于外出旅行的顺利进行至关重要。在听这类广播时,就必须掌握所有的细节。

# 第二节　基于自主学习的大学英语口语教学改革

## 一、大学英语口语教学简述

### (一)大学英语口语教学的意义

1.可以激发学生的英语学习兴趣

受传统英语教学模式的影响,一些教师在当今的口语教学中仍然采用"满堂灌""一言堂"等的讲授模式。陈旧的口语教学模式使得师生之间很少有互动,学生在课上说英语的机会更少之又少,逐渐使学生失去了说英语的兴趣,甚至觉得口语课没那么重要。渐渐地,很多学生在口语课上表现出积极性不高,过于活泼好动、注意力难集中等问题。

然而,近年来随着多样化教学模式的运用,英语教师在口语课堂上更注重对气氛的调动,也更关注学生的兴趣,这就调动起了学生的积极性,使英语教学的效率大大提升,学生的口语水平也得到显著提高。

2.可以培养学生的语感和英语思维

很多学生会受到所处的汉语和生活环境的影响,在听力理解过程中也不自觉地从汉语的角度入手思考问题,从而经常出现英语汉化的现象。随着口语教学的不断渗透,学生也有了越来越多的用英语交流的机会,这就有效地培养了学生的英语语感。多样化的口语训练使学生的思维更加活跃,从而大大提高了学生的英语综合能力。例如,当学生学习 Where has all my money gone? 这课时,教学大纲要求学生 talk about money management and

## 第五章　基于自主学习的大学英语基本技能教学改革

find ways to save money。总体上说,本单元内容与学生的实际生活有着较为密切的联系,因为他们经常会遇到生活费不够的问题。当教师在课堂上为学生创造一定的场景时,学生在用英语口语交流的过程中,也会表露自己的真实情感,产生更大的交流欲望,不但提高了课堂教学的效果,而且充分调动起了学生的英语思维。

3.有利于未来的生活和发展

随着国际化浪潮的推进,英语作为一门语言开始频繁地出现在人们的工作和学习中。因此,很多用人单位在招聘时会考虑应聘者的英语水平,这个英语水平不但指书面语的水平,还有口语水平。于是,口语水平较高的学生在应聘工作就比口语水平低下的学生更有优势。随着经济的发展以及大学交流项目的增加,很多人在大学期间就获得了珍贵的就业机会。实际上,这些工作机会都是为有准备的人而来的。

对一些家庭条件优越或有着更高学习目标的学生来说,更高的殿堂不一定是大学,或者说不一定是国内的大学。所以,很多学生在很早就有了出国深造的意向。要想出国留学,必须先具有地道流利的英语口语交际能力。出国前的英语考察,出国后对于当地环境的快速融入,直接与当地人进行交流沟通是了解当地文化最快的方式,但要做到这些,仅用肢体语言是很难完成的。因此,练好英语口语对于有留学打算的学生而言是极为重要的。

事实上,学生的口语学习完全可以从高中甚至初中就开始进行。需要指出的是,尽管口语的作用极为重要,但口语练习并非一蹴而就的,要真正学好口语离不开长期的刻苦和练习。

(二)大学英语口语教学的现状

1.学生对英语缺乏重视,对口语缺乏兴趣和动力

在很长一段时间里,英语阅读和写作是英语考试的重点内

容,而口语测试很少受到重视。这就使得学生逐渐失去了对英语的热情,认为英语四、六级的考试与口语无关,口语课也可有可无,缺少学习口语的兴趣与动力,最终影响了学生对英语口语课堂的参与积极性。

2.学生的英语基础薄弱

学生的英语基础薄弱是口语教学的一个重要问题。因为很多学生来自一些偏远地区,高中及之前的英语课并未引起重视,学生的英语基础也参差不齐。另外,一些学生进入大学,他们学习的目的主要是为了以后能找到工作,所以英语基本的读写能力不高。还有一部分学生完全因为不能吃苦,在学习口语的过程中,总是应付了事,课上不主动朗读课文,课下不认真完成作业,使得口语教学陷入了困境,学生的口语水平难以提高。当然,不同的学生因为有着不同的性格,使得学习口语的效果也不同。有的学生性格活泼,对英语口语学习充满兴趣;而有的学生比较内向,总害怕上口语课,怕自己说错而被同学嘲笑。并且,因为教师主要采用的是大班授课模式,难以关注到每一位学生的情绪变化,于是出现了学生口语水平两极分化的现象。

此外,有的学生自主学习意识缺乏,虽然不排斥上口语课,但是在课下也不会主动进行口语训练。这主要与学生的学习动机有关,这些学生潜意识中就认为学习口语仅是为了工作,如果短时间里看不到口语学习的价值,就会使他们主动放弃学习英语口语。

3.教师口语水平不高

英语口语教学离不开优秀的师资队伍,如果教师自身有着较高的口语水平,语音标准、语调准确、口语流利,各项英语技能都过硬,并了解英汉文化和思维差异等,那么学生也就有了更优秀、专业的学习指导者和榜样。然而,我国的英语教师普遍存在口语表达比较薄弱、语言知识更新缓慢、语言技能不够精通等问题,所以这就严重阻碍了学生口语水平的提高和教学效果的提升。

4.教学方法陈旧

在英语课堂上,教师总是教授一些英语词汇、常用表达,进行音频跟读、角色扮演练习对话或话题讨论等,课堂教学十分单调,在对学生布置任务前较少使用诸如图片、原版电影、背景知识、VCD等多媒体技术和互联网技术创设真实或模拟的英语口语学习情境。英语口语课堂活动单一枯燥,难以激起学生主动参与英语口语交流的积极性。

## 二、大学英语口语教学的革新方法

(一)互动教学法

互动教学法的特点是强调学生的主体性,所采用的教学组织方式多种多样,并且可以有效利用课堂时间向学生传授语言知识。在口语教学中,如果能恰当使用互动教学法,就能有效地激发学生的兴趣,打破"哑巴英语"的现象,提高学生的口语表达水平,从而提高口语教学的效率。

具体来讲,互动教学法在英语口语教学中的操作包括三个过程:

1.课前

在口语教学中,充分且周密的课前备课是英语教师必要的工作,特别是要准备一些与客体有关的会话材料。教师可以将准备的材料分给学生每人一份。做口语练习会用到的词汇、短语也为学生准备一份。同时,教师需要准备一些在口语训练中可能会用到的词汇、短语,这样既可以丰富学生的口语表达,也不会使学生处于被动的位置。

2.课中

在口语教学中,教师首先可以为学生呈现本课涉及的会话情景,然后要求学生就此情景进行思考和联想,并给出相关词汇和短语。教师可以将能用到的词汇和短语写在黑板上或放在PPT中,选出一个词让学生判断和解释其意思。当学生解释完之后,教师可以让其他学生对已给出的信息加以扩展。在解释和扩展的过程中,学生的口语水平就得到了培养和提高。

3.课后

当课堂互动结束后,教师可以为学生布置一些话题或情景,要求学生在课下进行练习。需要强调的是,教师布置的话题或情景要与课堂内容相关,以便对所学知识加以巩固。在上下一节课时,教师要对课外练习活动进行抽查。这样学生不仅得到了充分表现自己的机会,而且有利于提高他们的英语口语水平。

(二)课外教学法

尽管课堂是开展口语教学的主要场所,但课外教学也是不可忽视的手段。在以往,很多教师会因为课外教学的难以操作和控制而放弃这种手段。实际上,课外教学是课堂教学的很好的延伸,对提高学生的口语能力有着很大促进作用。因此,在口语教学中,教师应注意采用课外教学策略。课外口语教学要求教师充分发挥其引导作用,为学生提供有效的资源,并注意加强监督机制。

课外教学可以采用多种形式,如英语角。尽管英语角属于学生的自发行为,但要保证其顺利的开展离不开教师的参与,需要教师给予一定的组织和管理。因为英语角不管是在人员安排、话题确定,还是活动形式、设备选择等均要做充分的准备工作。另外,教师应鼓励学生积极参加相关的社会实践活动,如为外国游客做导游、做接待外宾的志愿者等。此外,还可以开展一些对话比赛、英语朗读和英语歌曲大赛、英语辩论大赛等课外活动。这些活动能有效弥补口语课堂教学的不足,使学生在使用英语的过程中获得成就感,从而增强用英语交际的自信。

## 三、大学英语语音自主学习能力提升的途径

### (一)注重朗读

学生在用英语进行表达之前,朗读是一个很重要的准备工作,它能培养学生的英语语感,从而有效提高口语水平。因此,教师应该鼓励学生每天抽出一点时间进行朗读,朗读的材料可以自行决定,根据自己的兴趣爱好选择。通常,越是学生感兴趣的内容,就越不需要学生自行组织语言,所以学生可以轻松地完成。英语朗读一方面可以让学生感受文章的意境,另一方面也能听到自己的发音,培养自己的语感,从而为接下来的口语表达做充足准备。

### (二)强调复述

口语水平的提高离不开对语言材料的复述。复述可以增强学生对英语语言的记忆,从而逐渐产生一定语感。复述是提高学生语言组织能力的一个有效练习方式,而这对学生口语水平的提高十分有利。所以,学生日常的口语训练可以进行一定的复述活动,先对所学语言材料进行通读,对其内容有一定的了解之后,试着用自己的语言复述一遍材料内容。复述活动可以是同伴相互复述,也可以用录音机记录自己的复述,复述完之后可以照原文检查自己复述的准确性和完整性。

### (三)努力背诵

朗读和复述活动完成之后,学生的口语学习可以再次增加难度,即对语言材料进行背诵。通常,背诵不但可以锻炼学生的发

音和语调,而且可以使学生在反复练习中体会语言的语法和修辞,并能在记忆和模仿中培养学生的语感。因此,教师可以为学生选择一些英文散文、诗歌等,要求其背诵,逐渐提高学生的口语能力。

(四)主动与他人交流

学生口语能力的提高还离不开主动与他人进行交流。学生只有通过不断的英语对话和交际,才能提高自己的语言组织能力。但是,我国学生的口语水平普遍较低,这一方面是因为没有说英语的环境,另一方面是因为不愿意开口与人主动交谈。很多学生担心主动与他人交流会受到冷遇,所以总是胆怯不敢开口,而是希望对方能主动和自己交流。这就错失了很多口语交流的机会。对此,学生应该努力克服自己的心理障碍,勇于开口,主动地与他人交流,通过大量实践提高口语水平。

## 第三节 基于自主学习的大学英语阅读教学改革

### 一、大学英语阅读教学简述

(一)大学英语阅读教学的意义

1.可有效扩大学生的词汇量

在英语学习的过程中,学习单词是学生绕不过去的一个重要任务,而通过阅读来记忆单词可达到事半功倍的效果。通过阅读,学生可以巧妙利用材料中提供的具体语境,使学生在记忆单词的同时,对该单词的使用方法、相关搭配、语用含义等有了较深刻的理解。此外,随着阅读材料的不断积累,学生对单词的印象

## 第五章　基于自主学习的大学英语基本技能教学改革

会随着多次的重复不断得到强化。可见,阅读是学生快速积累词汇的重要途径。

### 2.能有效培养学生的语感

所谓语感,是指对语言的感觉,是对语言表达方式进行快速理解与判断的能力。要想在短时间内判断语言表达是否规范、地道,就离不开语感。但是,要想获得语感,就必须与语言进行长期、大量的接触并进行持久的思维训练。阅读可以使学生在不知不觉中体会不同表达方式的感情色彩,感受不同修辞手法的实际效果。此外,学生在阅读过程中不仅提升了语感,学生所感受到的压力也几乎为零,这可以有效调动学生参与阅读的积极性和主动性,并为持久的英语学习奠定基础。

### 3.可帮助学生培养自主学习能力

在大学阶段,很多学生依然沿袭高中阶段被动学习的习惯,这对大学生的个人成长和发展极为不利。长时间的消极、被动的学习,使很多学生无法在未来激烈的社会挑战中学习新知识、技术,接受新挑战。大学英语阅读教学通过系统化的训练,能够对学生加以引领,使学生积极主动地投入并参与到学习中去,变被动的学习为主动的学习,最终成为学习的主人。此外,由于大学生阅读课时的有限性,仅仅依靠英语教师在课程上的讲授是远远不够的,学生要想真正地使其阅读能力得到有效的提升,还需要以课上教师所讲解的跨文化知识为基础,在课后加强自学,在课后及时地对所学内容进行温习和扩展。

### (二)大学英语阅读教学的现状

### 1.教学观念不当

阅读教学的目的在于提高学生从英语语篇材料中获取有用信息的能力,而综观当前国内众多高校的英语阅读教学现状我们发现,将阅读教学混同于词汇教学或语法教学是现存最为普遍的一种错误的教学现象。在阅读教学中,教师常常过分重视语言知识的传授,抓住一个单词、语法点大讲特讲,阅读教学呈现出"讲解生词—逐句逐段分析—对答案"的错误形式,而忽视了对语篇的关注和对学生阅读能力的培养。这种错误的教学方式产生的根本原因就是对阅读教学的认识不清,最后导致阅读教学成为语法、词汇教学,学生阅读速度慢、质量差的情况并未得到改善。对此,英语阅读教学必须更正教学观念,将阅读作为一种实用的语言技能进行教授,传授学生语篇、语言、文化等知识,提高学生的思考能力、分析能力、判断能力,拓展学生的视野,激发学生对阅读、英语乃至英语文化的兴趣,提高英语综合运用能力和人文素养。

### 2.教学方法不当

在我国英语阅读教学中,很多教师都是在课堂上不停地讲解,对生词、语法、段落进行逐一的分析。学生只能在下面拼命地记笔记,被动地模仿、记忆和进行古板的、孤立的、教条式的句型操练和单句翻译。这种教学方法的应试性很高,学生的主体地位得不到突出,无法激发出学生的学习兴趣,阅读习惯、阅读技巧等均得不到培养,学生很难积极主动地参与到课堂教学活动中来,不少学生听课时心不在焉甚至打瞌睡,"费时低效"现象严重。

另外,在英语阅读教学中,教师还对所有语言点不分主次、平均用力,这大大忽略了对学生的略读、寻读、猜测词义等阅读技能的训练以及从语篇中获取信息能力的培养。这种方法将完整流畅的语言肢解为片断教学,忽视了学生从整体上理解语篇意义的能力训练。

### 3.学生阅读习惯不佳

高质量的阅读离不开良好的阅读习惯,而不良的阅读习惯对阅读理解会产生不容忽视的阻碍作用。下面是一些常见的不良阅读习惯。

(1)阅读视野狭小,不以句子为单位,习惯一个词或几个词的阅读。

(2)不能按照文章的顺序进行阅读,时常发生跳读;换行时,不能迅速定焦看清文字。

(3)边读边将所读内容在心里翻译成汉语,然后再继续阅读后面的内容。

(4)有的学生喜欢在心里默读或者唇读,有的学生喜欢用笔或手指着阅读,还有的学生喜欢不断回头重复阅读。

这些不良的阅读习惯不仅影响了阅读的速度,更影响着思维的连贯性以及理解能力。因此,教师应指出并帮助学生克服自身的毛病,培养正确的阅读习惯,以帮助学生提高阅读的效率。

4.学生缺乏背景知识

我国学生普遍缺乏英语文化背景知识,对英语国家的历史、地理、文化等不了解,从而制约了英语阅读教学的顺利开展。

例如,同一种动物在英汉两种文化中可能具有不同的含义。龙在中国具有悠久的历史,它既可以呼风唤雨,也可以主宰自然。此外,龙还是皇帝的化身,皇帝被称为"真龙天子",其后代则是"龙子龙孙"。总之,汉语中的"龙"具有至尊至上的感情色彩,蕴含着"权威、力量、才华、吉祥"等褒扬的语义。但是,这样一种吉祥的动物在英语中是一种长有翅膀、有爪子的、喷火的类似鳄鱼或蛇的怪物,是邪恶的象征。

丰富的英语文化背景知识能促进学生英语阅读能力的提高;反之,背景知识的缺乏则会造成阅读理解的误解或困难。所以,教师应引导学生进行广泛阅读,多了解英语国家的背景知识,这样才能提高阅读速度,保证阅读理解的准确性。

## 二、大学英语阅读教学的革新方法

(一)合作阅读法

合作阅读采用合作的方式帮助学生扩充词汇、培养和提高阅读能力。具体来说,主要包括以下几个教学环节:

1.读前准备

读前准备工作做得好不仅能够激发学生的阅读兴趣,还能加深学生对阅读材料的理解。概括来说,读前准备应做好两个方面的工作。首先,要了解与话题有关的背景知识。教师可让学生在规定时间内输出与主题相关的一切信息,并加以概括总结。其次,要先行预测阅读材料的内容。教师可让学生写出预测内容,阅读完成后可让学生与之前的预测进行对比。

2.细节阅读

细节阅读能帮助学生对文章的各部分进行把握,及时发现自己能理解的和不能理解的部分,锻炼学生阅读时的自我监控能力。当学生发现自己不可理解的部分后,可通过猜词法或借助关键词等进行理解。

3.大意理解

大意理解要求学生做到以下两点:
(1)找出全文的要素,如时间、地点、人物、事件等。
(2)用自己的语言介绍有关上述要素的重要观点。
本环节在实际操作时,可由教师首先提出问题,让学生带着问题去阅读。学生在阅读结束后可分组讨论,通过交流归纳总结出答案。然后,教师抽查每组讨论情况,如教师可指定某个小组或者小组轮流宣读本组观点,其他小组发表评论意见。

# 第五章　基于自主学习的大学英语基本技能教学改革

4.巩固理解

巩固理解的目的在于加深学生对阅读材料的理解,同时帮助学生扩充知识。本阶段中,教师可组织学生围绕阅读材料进行提问。为使学生把握材料重点,提出切实有用的理解问题,教师可先为学生做提问示范,以使学生明了各类问题的提问方法。

5.合作学习

到了合作学习这一阶段,学生大多已能够熟练掌握阅读策略了。此时,教师可安排学生开展合作学习,将学生分成六人小组,每名成员扮演一定的角色。角色分工如下。

(1)组长。组长决定合作阅读每一阶段的任务,保证活动顺利进行。

(2)问题专员。问题专员的职责是在学生猜测词义时用问题卡片提示操作步骤。

(3)激励员。激励员的职责是鼓励组员积极参与,对每个组员的参与程度进行评估,为小组下一步活动提供建议。

(4)监控员。监控员的职责是监控组员的参与情况,保证每次只有一人说话。

(5)发言人。发言人的职责是在巩固阶段作为本组代表宣读讨论结果。

(6)记时员。记时员的职责是掌控合作阅读各阶段的时间长短,提醒小组成员及时转入下一阶段。

(二)探究教学法

探究教学法是由教师和学生共同探究而完成的教学活动,具体来说,学生在教师的引导下主动参与,发现问题并寻找答案,完成教学任务的同时培养学生解决问题的能力。具体来说,探究教学法在英语教学中的实施步骤有以下几个。

## 基于自主学习的大学英语教学理论与改革研究

1.引入

第一步是引入工作,即教师在课堂上首先应做好相关的引导工作。明确探究主体以及学生的学习需求,并将学生引入探究学习的学习氛围中,在教学的一开始就使学生感受到阅读教学和学习的乐趣。

2.探究

探究环节是学生进行探究学习的重点环节。在这一环节,教师可以将学生分为若干小组,让各个小组的成员自行选择相应的探究任务。

例如,可让组内的其中一员负责理解整个语篇的大致含义;其中一员负责对文章段落进行划分,并找出中心句和一些关键词;其中的一员负责收集同文章主题相关的信息等。如果有需要,教师可以进行更具体的任务分配。此外,学生在探究过程中,不可避免地会遇到一些问题,教师最好不要袖手旁观,而要给予适当的引导和帮助。各组员的任务都可分为不同的阶段,在探究阶段的最后,需要注意整合结果,更好地完成探究任务。

3.解释

解释具体是指对探究的主题所进行的解释。通过研究学习活动,教师可以对学生的表现和在具体活动中所遇到的问题进行分析和总结。

具体而言,在进行解释的过程中,教师首先要解释主题,并对各组的表现进行点评。其次,教师可以开始对阅读进行讲解,这与传统教学中的讲解基本相似。所讲解的内容也是学生需要探究的内容。最后,教师要引导学生对自己在整个活动中的具体表现进行回顾。

4.阐述

此环节所阐述的内容一般要结合具体的情况做相应调整。

例如,可以对探究式学习的目的进行阐述,或者也可以向学生扩展一些广泛的知识。这一环节一般需要教师和学生双方的协商之后进行开展。

5.评价

评价环节是最后环节,是对整个探究学习活动的最后总结。

在这一环节,教师与学生都需要对探究活动进行自我评价并进行相应的反思。这一环节会涉及对学生优点的肯定、缺点的明确和反思,师生间也可以基于一些需要探讨的话题进行交流与讨论,确保学生能够在探究学习中真正学有所获。

## 三、大学英语阅读自主学习能力提升的途径

(一)元认知策略

阅读中的元认知策略是指学习者安排、监控、调节和评价阅读学习任务,以提高阅读学习效率的方法。

1.确定阅读的目的

当代外语教学的理论认为,阅读主要有获取信息、学习语言知识、掌握阅读技能等目的。但是,这些目的并不是最终的目的,阅读的最终目的是培养独立的阅读者。

独立的阅读者应该具备以下技能:
(1)能快速阅读。
(2)能把握文章中心和大意。
(3)能找出文章的逻辑线索。
(4)能根据上下文猜测词义。
(5)能独立地使用工具书。
(6)能根据已有知识推断作者的意图。
(7)能阅读不同体裁的文章和实用文体。

## 2.选择阅读材料

在我国,大多数的学生都是通过教材来接触阅读材料的,而这些教材大都是国内学者简化和改编的,因此一般篇幅相对短小,而且体裁也比较单一。这显然不利于学生掌握阅读学习策略,提高阅读水平。

学生除了阅读教材之外,还应该尝试原文材料的阅读。当然,在这些原文材料的选择上,也应该考虑选择难易程度适中、主题熟悉、自己感兴趣的材料。

## 3.制订阅读计划

制订阅读计划是指阅读任务的性质、阅读的方法与步骤以及预计阅读的结果。

在制订阅读计划时,可以采用以下策略:

(1)预测文章的主旨。

(2)激活已有的知识。

(3)自我管理。

通过这些策略的运用,不仅能更好地理解文章,也有助于达到阅读学习的目标,为下一步的阅读做准备。

## 4.监控阅读过程

阅读中的监控是指阅读者依据一定的标准对阅读中的进程以及阅读后的效果进行及时的评价,如果发现过程中存在不足,要及时修正和调整。

阅读中的监控策略主要有以下三种:

(1)方向策略,主要是为了明确阅读目标,确定阅读方式。

(2)进程策略,主要是要求阅读者一边阅读一边思考。

(3)策略监控,主要是运用自我提问的方式,检验自己的答案是否正确,从多种角度分析所遇到的问题,推理得出结果。

### 第五章　基于自主学习的大学英语基本技能教学改革

5.评价阅读过程

在阅读活动即将结束时,学生需要按照阅读计划检查阅读效果,总结成功与不足之处。评价阅读过程主要包括纠正阅读过程中的错误和调整阅读思路,它既是阅读活动的末尾,又是调节阅读策略的新一轮阅读活动的开始。

在评价阅读过程后,若未达到预期的阅读目标,学生要注意对原因进行分析与总结,以便取得下次阅读的成功。

(二)认知策略

阅读中的认知策略是指"学习者处理阅读材料,或针对某一具体阅读任务所采取的具体阅读方法"(严明,2007)。

恰当使用有效的阅读策略对文章的理解来说影响重大。常用的阅读认知策略包括预测、略读、寻读、寻找主题句、推理判断等。

1.预测

预测是根据已知信息对下文进行推断。

预测策略是学生对阅读材料进行理解和推断的首要步骤。预测可以是有意识的,也可以是无意识的。如果学生对阅读材料的兴趣越浓厚,其进行预测的动机就越强,就越容易对阅读材料有全面的理解。

在阅读中,预测的步骤如下:
(1)激活已有的相关背景知识。
(2)对文章进行预测。
(3)阅读文章。
(2)思考字面含义,同时推测相关信息。
(5)验证或修改先前所做出的预测。

值得提及的一点是,预测可能是正确的,也可能是错误的。无论预测是否正确,它都作为阅读理解中的一个重要环节,加深学生对阅读材料的理解。如果预测是正确的,学生就可以快速阅读下文;如果预测是错误的,学生则会对自己的思路做出一定的调整。

### 2.略读

略读不要求学生掌握所有的细节,而是根据需求进行有选择的阅读,可有意识地略过一些词语、句子,甚至段落。略读的目的在于帮助阅读者在最短的时间内了解文章的大意或中心思想。

由于略读主要适用于了解文章大意,把握中心思想,因而需要学生对语篇的题材有所关注。学生在使用略读时应注意第一段和最后一段以及各段的第一句和最后一句。通常情况下,第一段是一篇文章的梗概,有助于学生抓住主题、观点,而各段的首句和末句则一般提供文章的线索。

### 3.寻读

寻读不需要对文章进行逐字逐句的阅读,而是根据需要在文章中迅速搜寻所需内容。

寻读具有很强的针对性,在快速找到所需内容的前提下,能帮助学生节省宝贵的时间,提高阅读效率。

### 4.寻找主题句

基本上所有的文章都有一个主题,作者的中心思想也经常通过主题句体现出来。因此,在阅读过程中,寻找主题句是理解作者写作思路的重要手段。

主题句的位置并非固定的,而是非常灵活,有的位于段首,有的位于段尾,有的在段落中间,还有的文章并没有明显的主题句。在阅读过程中,学生要注意总结,归纳主题句寻找技巧,提高阅读效率。

### 5.推理判断

学生在做阅读理解题时会发现,并不是所有的信息都能从文

第五章　基于自主学习的大学英语基本技能教学改革

章字面意思上看出,而是需要运用自己的推理能力进行判断。推理判断对学生的能力要求较高,学生要在理解全文大意的基础上,对文章逐层进行分析,准确推断出文章的中心思想。

推理判断包括直接推理判断和间接推理判断两种。在大学英语阅读教学中,教师应有意识地培养学生这方面的技巧。

## 第四节　基于自主学习的大学英语写作教学改革

### 一、英语写作教学简述

(一)英语写作教学的目标

在国家颁布的《英语课程标准》中,对英语写作教学提出了明确的目标要求,具体介绍如下:
(1)能模仿范例写出和回复简单的问候语和邀请卡。
(2)能使用简单的图表和海报等形式传达信息。
(3)能使用常见的连接词表示顺序和逻辑关系。
(4)能用文字及图表提供信息并进行简单描述。
(5)能用词组或简单句为自己创作的图片写出说明。
(6)能根据所给图示或表格写出简单的段落或操作说明。
(7)能根据要求为图片、实物等写出简短的标题或描述。
(8)能根据文字及图表提供的信息写短文或报告。
(9)能根据写作要求,收集、准备素材。
(10)能根据课文写摘要。
(11)能写出简短的文段,如简单的指令、规则。
(12)能写出连贯且结构完整的短文,叙述事情或表达观点和态度。
(13)能描述(简单的)人物事件,并表达自己的见解。

(14)能填写有关个人情况的表格,如申请表、求职表。

(15)能(做简单的)书面翻译。

(16)能独立起草短文、短信等,并在教师的指导下进行修改。

(17)能以小组为单位把课文改编成短剧。

(18)能(基本)正确地使用大小写字母和标点符号。

(19)能在写作中做到文体规范,语句通顺。

关于英语写作教学的目标,《大学英语课程教学要求》也有明确的说明,主要分为以下三个要求。

一般要求:

(1)能掌握基本的写作技能。

(2)能写常见的应用文。

(3)能描述个人经历、观感、情感和发生的事件等。

(4)能在30分钟内完成不少于120词的一般性话题的短文,并且中心明确、结构完整。

较高要求:

(1)能就一般性主题表达自己的观点。

(2)描述各种图表。

(3)能写所学专业的概要。

(4)能写所学专业的英语小论文。

(5)能在30分钟内完成不少于160词的短文,内容充实,条理清晰,语句简洁流畅。

更高要求:

(1)能以书面形式比较自如地表达个人的观点。

(2)用英语撰写所学专业的简短报告和论文。

(3)能在30分钟内完成不少于200词的各类作文,逻辑性强,观点明确。

(二)英语写作教学的内容

大体来说,英语写作教学的内容主要有以下四个部分:

## 第五章　基于自主学习的大学英语基本技能教学改革

1.写作的结构

首先,必须保证文章的完整统一。所谓完整统一,是指文章的所有细节都必须为主题服务,如事实、例子、原因等细节都必须围绕主题展开,所有的细节都是与主题相关的,与内容切题的。与主题不相关的句子都必须删除,同时还要确保文章段落的完整性。为了增强学生写作中对完整统一的意识,教师在训练时可采用各类专项练习的方式。

其次,文章的谋篇布局也是非常重要的,在正式写作之前,要根据不同的主题和题材谋篇布局,并根据写作目的选择适当的扩展模式。结构是写作的基础。从篇章结构上来讲,结构应当是引段—支撑段—结论段。而从段落的结构来讲则是主题句—扩展句—结论句。需要注意的是,写作的谋篇布局并不是一成不变的,而应根据文章的不同而有所改变。

最后,一篇文章只有和谐连贯才能称得上好文章,因此保证文章的和谐连贯是写作教师需要讲授的重要内容。具体来说,在一篇文章中,句与句之间须紧密相连,段与段之间要环环相扣,从而使整篇文章流畅自然。段落篇章的和谐连贯依赖于叙述的逻辑和衔接语的使用。使用恰当的起连接作用的词或词组,可以把句子与句子有机地联系起来,使行文流畅,并引导读者随作者的思路去思考问题。对于衔接语的使用可采用"短文填空"进行专项训练。但使用衔接词语时要注意,衔接语不可不用,但也不能乱用。常见的衔接语包括以下几种：

(1)表因果:accordingly, as a result, consequently, as, since, so, thus, because, for, for this reason, etc.

(2)表并列:and, or, also, likewise, etc.

(3)表比较:equally, similarly, important, in the same way, etc.

(4)表转折:but, however, nevertheless, while, yet, etc.

(5)表相反:conversely, on the contrary, etc.

(6)表让步:although, in spite of, despite, etc.

(7)表进一步关系：moreover,furthermore,besides,what is more,in addition,etc.

(8)表时间或步骤：often,after,before,next,afterwards,first,finally,last,now,second,still,then,when,etc.

(9)表举例或解释：for example,for instance,such as,in other words,that is,in fact,etc.

(10)表空间和方向：here,there,beside,next to,near,to the right (left),in front of,in the middle,at the back,under,above,etc.

(11)表结果或总结：therefore,as a result,and so,finally,to sum up,in conclusion,in short,in a word,etc.

2.拼写与符号

拼写和符号主要包括单词的拼写和标点符号的正确与否,这些主要涉及学生对基础知识的掌握程度,虽属细节问题,但仍是影响英语写作的重要因素,也是英语写作教学的重要组成部分。因此,教师在设计写作教学方式和内容时应将拼写和符号这些因素考虑进去,以增强写作教学的策略性和有效性。

3.选词

(1)选词首先是作者与读者之间交流的方式之一,因为作者与读者之间的有效交流依赖于词的选择。

(2)选词与作者个人的爱好有关,是一个人写作风格的体现。

(3)学生在学习写作的选词过程中要注意考虑语域的因素,如正式用词与非正式用词的选择、概括词与具体词的选择、褒义词与贬义词的选择、形象词的选择等。

(4)在选词时,还要考虑角色的因素以及读者对象的因素等。

4.句式

在英语写作教学中,除了要学习一般句式外,教师还有必要向学生介绍其他一些句式,如强调、倒装、省略等。由于每种句式

第五章　基于自主学习的大学英语基本技能教学改革

的变形是多种多样的,因而有必要让学生对此多加练习。对此,在英语写作教学中,教师可采用"示范"和"讨论"的方式,帮助学生增强对句式的认知,从而掌握正确的表达方式。

## 二、大学英语写作教学的革新方法

(一)内容教学法

重内容的写作教学法十分强调对写作素材的收集。在这种教学法中,教师要指导与帮助学生从不同的渠道获取信息,教学的重点在于帮助学生准备写作,丰富其写作内容。内容教学法的具体操作主要包括以下三个步骤:

(1)收集并整理信息。收集信息是内容教学模式的关键所在。当写作的要求明确之后,学生就要带着问题去读书或参加讨论,目的是为了获取写作素材,并对获取的写作素材进行综合整理。

(2)撰写初稿。有了写作素材后,学生就要在教师的指导下根据写作要求将收集的素材转化为文章。写初稿是成文的主要阶段。

(3)修改润色。修改与写初稿之间实际上并没有严格的界限,这两个阶段的任务都由学生自己完成。在修改阶段,学生要对初稿进行加工润色,以成定稿。

重内容的写作教学方法可使学生在运用原有知识的同时,借助新获取的信息帮助自己开阔视野,丰富写作内容。但同时内容写作模式对学生的语言能力要求较高,也就是说,它要求学生必须具备一定的阅读能力,对学习者的现有语言能力要求较高,不适合低中级外语学习者。可见,这种教学模式的实际操作范围较有限。

(二)过程教学法

传统的结果教学法的理论基础是行为主义理论,认为教学过程就是教师给予刺激、学生做出反应的过程。这种教学方法把重点放在写作结果,即写作成品上,学生毫无自由创作的空间,写作只是机械地输入和输出的过程。过程教学法弥补了这一缺陷,更加重视写作过程。过程写作教学法的理论基础是交际理论,该理论认为,写作的过程应当是一种群体间的交际活动,而不是每一个学习者作为个体的行为活动。过程教学法将学生视为语言的创造者,在此基础上,允许并鼓励他们自由地交流和表达信息,并将每一个个体内在的动因作为学习活动的中心。过程教学法的基本原则是注重诸如从构思、资料收集、写作、修改到定稿等所有写作活动。下面对过程教学法的原则和步骤进行具体介绍。

1.过程教学法的操作原则

教师在采用过程教学法教学生写作时,应当注意以下几点原则和要求。

(1)要帮助学生了解自己的写作过程。

(2)要给予学生充分的时间写作和修改。

(3)要帮助学生掌握正确的写作策略,即写前准备、写作、修改三大步骤。

(4)要将教学的重心放在修改阶段。

(5)要以导致最终写作成功的写作过程为中心。

(6)要鼓励来自教师以及同伴两方面的反馈。

(7)在学生写作的过程中可以有一定的教师和学生之间的协商活动。

(8)教师要给予学生一些机会,善于在写作中发现学生想写什么或擅长写什么。

2.过程教学法的操作步骤

过程教学法主要有以下几个步骤:

(1)写前准备。学生在动笔之前要针对题目进行认真思考,同时鼓励学生在课上讨论,在课外查找资料,挖掘题材。这样做

## 第五章　基于自主学习的大学英语基本技能教学改革

可以帮助学生开阔思路,使他们觉得有东西想写,有东西可写。

（2）初稿撰写。写初稿即学生将自己的想法形成文字。此时,学生不需过分注意语法规则和选词,而是要尽可能连续不断地将自己的想法写下去。

（3）学生互评。在这一阶段,教师将学生分成两人或三人一组,让他们交换初稿,进行互评。互评的重点在于作文的内容,主要涉及这样一些问题:作者的观点是什么,文章的中心思想是什么,各段的大意是什么,是否有与文章主题无关的词句或段落,等等。讨论结束后,学生为所评作文写出书面评语或改进意见。在此过程中,教师可在教室内巡视,对有问题的学生进行随时答疑和帮助。

（4）写二稿。写二稿就是学生根据互评结果改写或重写文章。

（5）批阅。批阅工作主要由教师完成。教师收集学生的第二稿,针对其内容进行评改,要注意在批改过程中发现学生的优点,哪怕是一个词用得好、一句话写得好,也要画出,写上肯定的语言以示鼓励。需要注意的是,教师在指出错误与不足时,尽量不要用红笔,因为红色会强调、渲染学生的错误,进而挫伤他们的积极性。

（6）师生交流。在这一阶段,教师与学生进行一对一、面对面的交流。在交流过程中,教师要针对文章的结构、内容、语法等提出意见和建议,学生可以就自己不懂或拿不准的地方向教师咨询。

（7）定稿。学生综合考虑教师和同学的意见,重新修改文章,并最终完成作品,交给教师评阅。

### 三、大学英语写作自主学习能力提升的途径

(一)熟练掌握各种写作技巧

学生掌握各种写作技巧是写出一篇佳作的前提,因此在自主

学习过程中要多总结。具体来说,写作技巧主要包含以下几个层面:

1.构思技巧

构思是写作的基础,需要贯穿文章写作的始终。构思是作者对文章把握的前提,主要可以采用以下几种形式进行构思。

(1)自由写作式

学生拿到文章题目时,可任由思绪在脑海中扩展,同时要及时将头脑中的观点记录下来,然后阅读记录内容,从中挑出有用信息展开写作。

(2)思绪成串式

思绪成串式是一种十分常见且有效的选题构思策略,它是指将主题写在一张纸的中间,并画上圆圈,然后将所能想到的与主题相关的关键词都写下来,并画圈。接下来对所有的关键词进行总结归纳,最后确定写作思路。

(3)五官启发式

学生将五官(视、听、嗅、味、触)感受到的信息进行整合,从而总结出与作文题目相关的材料,这种构思方式常用于描写文的写作中。

2.开篇技巧

好的开头对一篇文章十分重要,因为文章开头写得出彩往往会给人留下深刻和正面的印象,能够激发读者的阅读兴趣,吸引读者继续阅读。文章开篇的方法有许多种,下面介绍几种最为常见的方式。

(1)开门见山式

西方人多为直线型思维,因此在语言组织上也习惯于使用"开门见山"的表达。这种表达在文章开篇便突出文章主题,又被称为"事实陈述法"或"现象陈述法"。

### 第五章　基于自主学习的大学英语基本技能教学改革

**(2)故事导入式**

与直白的说理相比,生动活泼的故事、事件对读者的吸引力更大。因此,用一个事件、故事或意象开始一篇文章对于提升文章的趣味性而言是十分有效的。

**(3)定义式**

当文章需要对某事物进行阐述时,可以在开篇使用下定义的方法,以帮助读者对文章事物进行理解与掌握。这种定义的开篇方式在说明文或科普类文章中经常出现。

**(4)数据式**

数据式就是在文章的开头引用权威性的数字,以使文章更具权威性和说服力。数据法有先主题后数据、先数据后主题之分。

**3.段落展开技巧**

当文章的框架基本确定,并且有了合适的开头时,便需要对段落展开写作了。通常,段落展开的策略主要有以下几种:

**(1)按时间展开**

按时间展开这种方法常用于记叙文的写作中。通常是在记叙一件事情时,按照事件发生的顺序写,也就是先发生的事情先写,后发生的事情后写。

**(2)按定义展开**

按定义展开这种方法常用于说明文,主要是对一个复杂和抽象的词语或概念进行阐述。在下定义的同时,还常运用举例子、打比方的方法,以使读者对定义有一个清晰完整的了解。

**(3)按空间展开**

当写作中需要对一个地方或景物进行描述时,写作者可以采用按空间展开的形式。空间展开的段落发展策略能够增加文章的错落感和整体感,便于读者对文章的理解和掌握。

**(4)按过程展开**

按过程展开的方法主要用于记叙文的写作,它往往按照事情发展的过程或按照事件发展的先后顺序,逐项进行说明。

### 4.文章修改技巧

初稿的完成并不代表写作的完成,初稿完成之后还应对其进行仔细的阅读和修改。修改实际上是对文章的再加工、润色的过程,通过修改可以排除文章的错误之处,增添文章的色彩。通常而言,在修改过程中要注意删除多余的、与主题不相关的信息,如果文章不完整,就要把不完整的补充上并纠正错误的拼写、语法、符号等。具体来说,可以从以下三个方面着手对文章进行修改。

(1)语法修改。语法错误是学生在写作过程中最常见的错误,因此这一问题应引起师生的重视。在检查语法方面的错误时首先要通读全文,然后检查句子意思表达是否清楚、有无病句、有无拼写错误、标点符号的运用是否正确等,如果发现错误应及时修改。

(2)主题修改。对于一篇文章而言,主题的准确性十分关键,因此在修改时首先要针对文章主题进行修改,以确保主题的准确。在检查和修改主题方面的错误时,首先要看文章所表达的主题是否完整统一,然后检查文章的内容与标题是否相符、主题句是否清楚、语气是否一致、时态是否恰当、逻辑是否正确等,如果在这些方面发现问题应及时修改。

(3)段落修改。修改段落方面的问题可以从下面几个方面着手:段落的展开是否流畅,段落材料是否充实,段落组织是否合理,过渡词运用是否得当。

### 5.结尾技巧

结尾段一般是对前文内容的总结、强调或是前文内容发展的自然结果。结尾段既可以是一个段落,也可以只是一个句子。无论哪一种,都必须表达一个完整的意思,给读者留下深刻的印象。常用的结尾方式主要有以下几种:

# 第五章　基于自主学习的大学英语基本技能教学改革

(1)总结式结尾。所谓总结式结尾,就是在文章结尾处对全文进行总结,以揭示主题。

(2)建议式结尾。建议式结尾主要针对文章讨论的某种现象或问题,提出解决问题的途径、方法或呼吁人们采取相应的行动。

(3)警示式结尾。警示式主要是依据文中的论点,在文章结尾处揭示问题的严重性,以引起读者的重视,引发读者的思考。

(4)展望式结尾。展望式结尾主要在文章结尾表达对未来的期望,以达到增强文章感染力,同时鼓舞人心的目的。

(二)借助其他技能提高写作水平

写作教学应该坚持综合原则,学生在自主学习过程中同样应遵循这一原则。这里我们重点介绍读与写结合学习的重要性。

语言的输入与输出在语言学习中的作用与关系,即"语言学习环境"与"语言学习者的外在表现"之间的关系,是应用语言学研究的一个重要课题。克拉申(Krashen,1981)的输入假设理论认为,"可理解语言输入是语言习得发生的重要条件,以输入的语言材料略高于学习者的现有语言水平为最佳。"斯温(Swain,1985)的输出假设理论则在承认输出理论的基础上指出,可理解性语言输出也是语言习得的重要条件,这就为读写结合创造了理论依据。

阅读作为一种语言输入,其对于学生在写作输出语言时的材料来源、组织结构、开展方式等有着重要的指导意义和借鉴价值。因此,写作训练应该与精读教学结合起来。在阅读课中强化写作训练,一方面是阅读教学的基本任务,另一方面是全面完成阅读课教学任务的有效途径。可以说,阅读课教学是否完整跟是否进行了写作训练有很大的关系,写作训练能否取得良好的效果也在很大程度上取决于阅读时语言输入的质与量。如果只读不写,一方面不利于学生对文章的深入理解,另一方面使输入的语言无法内化,久而久之就会被遗忘;相反,以读带写,以读促写,读写结合,能够帮助学生储备大量的语言材料,提供段落开展的模式、篇章组织的方式，从而解决学生写作内容空洞、逻辑不清、结构混乱等问题，提高写作教学的效率和质量。因此，学生要多阅读，增加语言输入量。

## 第五节　基于自主学习的大学英语翻译教学改革

随着人们对翻译教学研究的不断深入，在这一领域取得了不菲的成绩。学者罗选民(2002)就提出，翻译教学主要包括两个部分，即专业翻译教学和大学翻译教学，这一说法就将之前的教学翻译也纳入翻译教学的范畴中，在一定程度上扩大了翻译教学的学科范围。不过，有学者认为这种区分存在不足之处，如涵盖的范畴并不清晰，在未来的多元化发展过程中可能会遇到障碍。目前，在我国的高校中有些院校为了迎合学习者毕业后快速适应社会的需求，就增设了翻译教学的选修科目。据此，有学者就将翻译教学具体分为以下四种：

(1)公共英语翻译教学。

(2)英语专业的翻译教学。

(3)翻译专业全面的翻译理论。

(4)社会实践翻译教学。

其中，公共英语翻译教学又包括教学翻译和翻译选修课教学，此处的教学翻译是一种教学手段，翻译选修课教学是一门独立课程。可以通过下图对这种新的分类进行直观的认识，如图 5-1 所示。

- 翻译教学
  - 公共英语翻译教学
    - 教学翻译
    - 翻译选修课教学
  - 英语专业翻译教学
  - 翻译专业翻译教学
  - 社会培训翻译教学

**图 5-1　翻译教学分类图式**

# 第五章　基于自主学习的大学英语基本技能教学改革

翻译是检验学习者语言使用能力的重要手段,是每一位英语学习者都需要给予重点关注的技能。在我国,英语翻译教学虽然一直都受到人们的关注,为了提升翻译教学的效果也做出了诸多努力,然而翻译教学的成效依然不如人意。为此,本节就来详细研究英语翻译教学的相关内容。

## 一、英语翻译教学简述

(一)英语翻译教学的内容

一般来说,英语翻译教学的内容主要涉及以下三个方面。

(1)翻译基础理论。翻译工具书的类别与运用方法、翻译的过程、翻译的标准、翻译对译者素质的要求、翻译理论、翻译历史等翻译理论知识是英语翻译教学的重要内容,这些内容有利于学习者建立翻译的基本框架,树立对翻译的基本认识。

(2)英汉语言对比。教师应从语义、词法、句法、文体、篇章以及思维、文化等层面为学习者讲解英汉语言的区别。这部分内容可以较为完整地揭示出两种语言的异同,对于保障翻译质量大有裨益。

(3)常用的翻译技巧。一名合格的译员不仅应具备一定的翻译知识,还应掌握一定的翻译技巧,这对于提升翻译效率具有重要意义。因此,音译法、意译法、直译法、正译法、反译法、增译法、省译法、归化法、异化法等翻译技巧应成为英语翻译教学的重要组成部分。此外,在适当的时候,教师还可为学习者补充词性的改变、句子语用功能的再现等内容。

(二)英语翻译教学的原则

为了有计划、有目的、有层次地进行英语翻译教学,教师应该在教学目标的基础上遵循一定的教学原则。只有在这些原则的指导下,才能实现翻译教学的有效性。

1.实践性原则

翻译教学还应遵循实践性原则。教师可以在条件允许的情况下,尽可能多地给学习者提供翻译实践的机会,如到翻译公司进行真实情境的翻译实践,使学习者切实体验实际的翻译过程,了解社会实际的需要。这不仅可以激发学习者的学习动机,提高学习者学习的积极性与自主性,还能为学习者日后走向社会、适应社会提供知识方面的准备,使学习者更快地融入社会。

2.循序渐进原则

英语翻译教学也应遵循由浅入深、遵循渐进的原则。在教学实践中,教师在选择语篇练习时应由易到难:就篇章的内容而言,首先应选择学习者最熟悉的内容;就题材而言,应从学习者最了解的题材开始;就原文语言而言,应从最浅显的开始,逐步过渡到难度较高的语言。教学活动只有由浅入深地进行,才能不断提高学习者学习的信心,逐渐培养学习者学习的兴趣,从而有利于学习者综合能力的提高。

## 二、大学英语翻译教学的革新方法

翻译是一种语言转换为另一种语言的活动,所以寻找两种语言之间的最佳匹配点就成为十分关键的环节。缺乏扎实的语言功底,不仅难以理解源语信息,更不能将其较好地转换为目的语,这就大大降低了译文的质量。例如:

He identified himself with the masses.

Enjoy the luxury of doing well.

上述两个句子的字面意义很好理解,但是如何将其转换为与汉语表达习惯相一致的译文是有一定难度的。两个句子的译文如下。

他和群众打成一片。

## 第五章　基于自主学习的大学英语基本技能教学改革

以行善为乐。

就目前的情况来看,翻译教学中的一个突出问题是教师往往更加重视提升学生的英语水平,却较少考虑学生的汉语水平。正如翻译家陈廷佑(1980)所说,能不能译出来取决于译者的英文功底,而译得好不好则取决于译者的汉语功底。可见,为了能在翻译的过程中体现、发扬汉语语言传统,教师应让学生熟悉汉语行文特征,了解汉语表达习惯。换句话说,加强学生汉语语言功底的培养具有非常重要的意义。具体而言,教师在翻译教学过程中可通过以下方式来提升学生的英语翻译自主学习能力。

(一)讲解文化差异法

翻译不仅是不同语言之间的转换,还是一种跨文化交际活动,对语言文化的深刻理解是翻译的有力保障。因此,教师首先需要向学生传授交际文化和知识文化。具体来说,交际文化是指在交际过程中对处于两种不同文化背景的人的交际活动产生直接影响的语言和非语言因素。知识文化是具有不同文化背景的人在交际时不直接影响交际语言和非语言因素。我国学者赵贤洲(1992)曾对交际文化进行专门研究,并将其概括为如下几个类别。[①]

(1)因社会文化背景不同而产生的某些层面意义有差别的词语。

(2)因文化背景不同而产生的无法对译的词语。

(3)因社会文化背景不同而产生的词语褒贬不同。

(4)因社会文化背景不同而产生的词语使用场合的特异性。

(5)语言信息因文化背景不同而产生的差异。

(6)因社会文化背景不同而产生的潜在观念差异。

(7)成语典故、名言名句等。

---

[①] 陶友兰,鲍晓英. 高级英语口译:理论、技巧与实践[M]. 上海:上海译文出版社,2008:27.

(8)含有民族特殊文化传统信息的词语。

(9)有特定文化背景意义的词语。

(10)词语中反映的习俗文化信息。

(11)其他因价值观念、心理因素、社会习俗等造成的文化差异。

(12)不同文化背景造成的语言结构差异。

上述内容可以帮助学生发现源语文化与目的语文化之间的不同,从而加深对中西文化的理解。

(二)提升文化修养法

对文化的全面了解和认识是翻译的前提。如果不能正确理解语言中的文化含义,翻译也就无从谈起。因此,教师应采取多种手段,以切实帮助学生提升中西方的文化修养。

1.提升西方文化修养

阅读对于提升西方文化修养具有不可忽视的作用,教师可以安排学生阅读如《英美概况》《圣经》《古希腊罗马神话》等图书来了解主要的英语国家的历史、地理、文化、经济、政治、风俗习惯等。另外,电影可使学习者直观地感受西方文化,电影题材丰富,可以跨越时间、空间的障碍,非常有利于学生拓展文化知识。有意识地多看书、多看英语电影都可以帮助学生在无形中培养跨文化意识,提高自身的跨文化交际能力。

2.提升中国文化修养

中国文化博大精深,加强学生对汉语文化的理解也是同等重要的,教师在翻译教学过程中,具体可从以下几个方面做起:

(1)引导学生阅读一些关于哲学、文学、艺术、地理等其他领域的相关书籍,以便了解中国的政治经济、科教文化、风土人情和社会现状的变化发展,这样才能对中国文化有一个客观、全面的了解。

第五章　基于自主学习的大学英语基本技能教学改革

（2）引导学生从外国人的视角来认识中国文化。很多外国人对中国文化也有所研究，他们也将自己对中国文化的理解和认识在书中体现出来。从外国人的视角了解中国文化，可使自己的思考角度更加全面，从而提升译文的准确性。

## 三、大学英语翻译自主学习能力提升的途径

（一）加强师生合作

虽然大学生的自主学习意识和学习能力相较于中学时期有所增强，但自主学习并不意味着完完全全的靠自己学习，学生的认知能力和知识掌握程度与教师相比，仍然存在着一定差距，有时候对于翻译自主学习的重要性缺乏认识，这时需要教师进行适当的引导，让学生从思想上树立自主学习的观念；有时候遇到一些翻译上的问题，单纯靠自己可能没办法得到正确解决，这时需要教师进行及时的指导，对此可通过一对一座谈、交流会等多元化的交流形式，为学生构建交流解疑的平台。

（二）创建自主学习环境

学习环境对于学生的英语学习而言尤为重要，因此要注意构建有利于学生英语语言学习的环境。

在课堂中，学生可以在教师的帮助下进行角色扮演和讨论活动，激发自主学习性，不仅活跃了课堂氛围，而且可在参与的过程中学到翻译知识。

在课外，学生可以以小组的形式开展阅读和兴趣活动，并聚集在一起阅读书籍、观看电影或者是对某个同学遇到的翻译问题展开讨论。学习小组的建立不仅形成了互帮互助的自主学习氛围，而且有利于培养学生的合作精神，使学生通过提升翻译能力，实现共同发展。

总之，英语翻译涉及范围广泛，翻译内容复杂，这就要求在英语翻译教学中，教师要从翻译的基础入手，向学生明确翻译能力与教学的内容，并遵循科学的教学原则，灵活采用教学方法，来培养学生的翻译能力。

# 第六章　基于自主学习的大学英语文化教学改革

语言与文化密不可分，语言本身就是文化的重要组成部分，也是文化的重要反映。语言背后往往蕴含着丰富的文化内容，因此从某种程度上来说，学习语言就是学习文化。在大学英语教学中开展文化教学，能有效弥补单纯语言教学的不足，从而促进大学英语教学的发展，推动英语教学的改革。当然，我国英语文化教学还存在着不少问题，因此有必要厘清当前文化教学中存在的问题，明确文化教学的内容和原则，并在此基础上革新文化教学的方法。此外，课堂时间毕竟有限，因此要想更深入地进行文化学习，学生需要学会自主学习，在课外下更多工夫，以弥补课堂文化讲授的不足。本章就对基于自主学习的大学英语文化教学改革进行具体研究。

## 第一节　大学英语文化教学简述

### 一、大学英语文化教学面临的问题

（一）缺乏跨文化教学理论支撑

我国的外语教学普遍缺乏宏观的指导和规划，尚未形成具有中国特色的外语教学理论体系。虽然我国常引进外国的语言教学理论,但引进的理论并没有真正与我国的外语教学相结合,因此也无法有效指导我国的外语教学实践。多年以来,国家教育部制订并颁发了各类英语教学文化和大纲,但没有一个大纲对文化教学的内容、标准、方法、评价、测试等进行明确、系统的说明,更没有认定文化教学与语言具有同等重要性。因此,在缺乏大纲指导的情况下,教师只能在时间允许的范围内根据个人兴趣向学生零星介绍一些文化知识,而不能系统展开文化教学。

(二)教师教学偏离

教师是我国英语教学的中坚力量。学生英语水平的高低在很大程度上取决于教师的教学效果。在文化教学中,教师也扮演着重要的角色。但是在我国的文化教学中,出现了教师教学偏离的现象,很多教师只注重对语言基本知识的讲解,忽视了文化方面的教学。

虽然教师在教学过程中会对文化因素有所涉及,但是明显没有整体规划,讲课也很随意,基本上是想到什么内容就讲什么内容。出现这种现象的原因主要有以下两个:

(1)教师的教学任务繁重,在授课压力下,教师只能首先保证学生的学习成绩,然后才能涉及文化知识。显然,这样的文化教学无法产生太大的影响,也无法取得良好的效果。

(2)很多英语教师本身接受的就是传统的语言知识和技能教育,缺乏足够的文化知识和文化意识,这样的教师对文化教学的认识首先就存在着严重的缺陷,其次在文化教学中也很难做到系统条理,致使学生学得迷迷糊糊,一知半解。这样显然无法提高学生的文化意识和跨文化交际能力。

对教师来说,一方面应鼓励学生在课余时间多掌握相关的文化知识,包括语言文化知识、非语言文化知识、观念文化、制度文化等;另一方面自身要与时俱进,不断学习相关的文化知识,这样才能把自己所知转化为学生所知。

## 第六章 基于自主学习的大学英语文化教学改革

### (三)文化教材缺失

教材是教学活动开展的依据和基础,对教学活动起着重要的引导作用。文化教学也不例外,但是从目前来看,我国教育对文化教学的忽视与教材有着密切的关系。综观我国英语教材中的文章,大多以说明性和科技性文章为主,涉及英语国家的思维方式、伦理价值的文章相对较少,这种教材的设置对于培养学生的文化能力和文化思维十分不利。

我国学者魏朝夕(2010)曾对《新视野大学英语》(外语教学与研究出版社出版)第一册到第四册的40个单元的主题进行了统计,结果发现其中与文化有关的仅有5个单元,占整套教材的12.5%。

上述数据能够在一定程度上总结出英语教学中文化因素的比重。英语教材是教师教学的重要指导材料,对于教学方向、教学重点都有重要的影响作用。我国英语教材中文化因素的缺失为我国的英语教学敲响了警钟。

在这种状况下,学生在课堂上接触不到英美国家文化,对非语言形式的因素了解不够,也就难以了解英语国家的生活习惯、社会风俗、价值观念、思维特征等。这种本质上还是应试性英语教学的现状自然不利于学生跨文化交际能力的提高,对英语语言的应用也有着不利的影响。

### (四)学生学习的主动性不足

在传统英语教学模式的影响下,我国学生在教学过程中形成了依赖教师的现象,在学习中缺乏主动性和积极性。主动意识薄弱的现象也影响了我国英语文化教学的顺利开展。

在很多文化教学活动中,教师仍然占据主导地位,学生依然处于被动接受的地位,对于教师所讲的文化知识仅仅死记硬背,并不完全理解,这显然违背了英语文化教学的初衷,因为不理解的文化学习是没有任何意义的。学生在语言学习时丝毫不会觉得轻松,因为他们并未将语言知识和文化知识联系起来;在跨文化交际中也仍然会犯错误,毕竟死记硬背的东西很容易遗忘、用错,而且一旦遇到教师没有介绍过的文化,就不知如何应付。鉴于这些问题,文化教学中,教师必须要培养学生的兴趣,充分发挥学生的主观能动性。

此外,很多学生认为学习英语只要学好基本的语言知识,能够通过国家英语四、六级考试就可以了,因此对文化学习的重视不足。在这种意识的影响下,学生会在心理上轻视文化教学,甚至认为这是一种浪费教学时间的行为。针对这种情况,教师应该多向学生讲解文化教学的重要性,使学生树立文化学习意识,真正提高自身的英语能力。

## 二、大学英语文化教学的内容

大学英语文化教学内容丰富,总体来说,主要涉及以下几个方面。

(一)言语文化

言语文化是文化教学的基本内容,主要包括以下三个方面。

1.与语音相关的文化内容

语音是保证言语交际双方能够顺利交流的基础,同时能显示出说话人的文化特征。因此,大学英语教学应该教授学生与语音相关的文化,从而使学生通过语音识别文化背景,进而帮助学生进行跨文化交流。例如,英国英语有双元音/uə/、/iə/、/ɛə/;美国英语则没有这些双元音,而是在元音后加/r/,像 beard、hare、pour 等一些单词分别读成/bɪrd/、/her/、/pɔːr/。这种语音特征就逐渐成为美国英语的一种语言特点,它体现了美国英语的文化特征。通过学语音方面的文化知识,学生就能辨别不同国家的发音,进而为将来的交际奠定基础。

## 第六章　基于自主学习的大学英语文化教学改革

### 2.与词汇相关的文化内容

词汇与文化有着密切的关系,存在于不同文化环境中的语言中的词汇都承载着丰富的文化内涵。这些蕴含文化含义的词汇又被称为"文化词汇",是外语教学中文化教学的重要内容。这里以颜色词汇为例进行说明。在汉语中,红色代表着喜庆,结婚时要穿红衣服,过年要贴红色的对联;但在英语中,red 是一种危险的颜色,短语 to be in the red 就意为"财务赤字"。而且西方人在结婚时穿的婚纱一般都是白色的,代表着纯洁,而中国人则在办丧事时才会使用白色。对于这类文化词汇的教学,教师应重点讲解词汇背后的文化知识,使学生了解它们的深层文化内涵,并在跨文化交际中准确运用这些词汇。

### 3.与语法相关的文化内容

每个民族的思维习惯在其语言语法的逻辑结构上都有所体现。西方人重理性和逻辑思维,汉民族重悟性和辩证思维。与此相应,英语重形合,注重句子结构的组合,善于用各种不同的连接手段使句子逻辑清晰、结构完整;汉语注重意合,较少使用连接手段,主要靠上下文的语意来组词成句、组句成篇。学生认识和了解中西方在思维习惯上的差异,并体会其对语言表达方式的影响,对于学习英语语法、减少 Chinglish(中国式英语)的错误是非常有帮助的。对此,教师在教学中应有意识地向学生传授与语法有关的文化知识。

### (二)非言语文化

大学英语文化教学内容不仅包括言语文化,还应包含非言语文化。非言语交际涉及文化、民俗、社会学、人类学等许多领域,运用范围广泛,语义复杂。

### 1.副语言

副语言(paralanguage)又称"辅助语言",是指伴随话语发生或对话语有影响的有声现象,是一些超出语言特征的附加现象,如说话时的音高、语调、音质等。另外,喊、叫、哭、笑、叹气、咳嗽、沉默等也可以看作是副语言现象。[①] 副语言在不同文化中的含义可能有所不同。学习和掌握这些语言之外的副语言现象有助于我们更好地理解说话者的意图。例如,沉默是一种典型的副语言现象,同时也是非言语的交际方式。在英美国家,沉默通常被认为是一种不礼貌的行为,人们认为沉默是漠不关心、冷漠、反对或者蔑视的意思,一般带有负面的消极含义,因此在与西方人交谈时应尽量避免保持沉默,否则可能造成对方的误解。而在中国,沉默却有着积极的含义,它可以表示顺从、赞成、默许、敬畏等意思。

2.体态语

体态语包括基本姿势、基本礼节动作以及人体部分动作所提供的交际信息。对体态语的认识和把握能够对成功的进行跨文化交际十分有利。由于不同文化中动作的习惯不同,因此在教学中教师要引导学生加以注意并用心领会,在学习的过程中要有针对性地将中西体态语不同的地方加以强调,让学生能更深刻地进行理解。例如,在英语文化中,跺脚表示不耐烦,而汉语文化中则多表示气愤、恼怒、灰心、悔恨等心情;在表示让对方过来时,中国人习惯冲着对方手心向下,几个手指同时弯曲几次,而美国人则会冲着对方手心向上,握拳,食指弯曲几次。

(三)交际文化

除上述内容外,交际文化也是大学英语文化教学的重要内容。交际文化是与交际环境有关的文化,它与不同交际场合、人际关系、礼仪习俗、价值观念等有着密切的关系,最容易引起跨文化交际的误解。交际文化主要包括称谓、问候与告别、道谢与答

---

[①] 剧锦霞,倪娜,于晓红.大学英语教学法新论[M].北京:中国书籍出版社,2013:167.

## 第六章　基于自主学习的大学英语文化教学改革

谢、恭维与赞美、委婉语等几个方面。下面对此进行具体说明。

1.称谓

不同的民族中都存在称谓这种普遍的语言现象,它是人们在交际中用来指称说话对象的称呼语。称谓是一种社会礼制的表现,受社会制度与理论习俗的制约,但同时也具有重要的交际功能,交际双方遵从一定的社会传统,选用恰当的称谓语来明确双方的身份、地位以及亲疏关系,以保持各种人际关系。在跨文化交际中,称谓发挥着重要的作用,因此在大学英语文化教学中,教师应让学生了解关于称谓方面的文化知识,以使学生在将来的跨文化交际中能准确地运用称呼语。

2.问候与告别

交际双方见面打招呼时所使用的语言就是问候语,英美人常用"Hello.""Hi.""How are you doing?"等表示问候,这与中国的"吃早饭了吗?""去哪里啊?"等有很大差距。对于英美人的问候,问的人通常不太在意对方回答的内容,答的人也不用绞尽脑汁想怎么回答。

告别多发生在社交场合,如拜访、聚会等将要结束时。英语国家的人结束交谈或访问告辞时所提出的理由总是自己因故而不得不告别,终止交谈或访问不是出于本人的意愿,而是因为其他的安排而不得已为之,因此总要提出不得不离开的理由,并表示歉意,如"I'm afraid I have to go."。

了解英美国家的问候和告别方式,对学生有效地开始和结束交际非常有帮助。

总之,大学英语文化教学的内容是非常广泛的。但由于我国学生的学习时间和精力是有限的,因此教师应该对文化教学的内容进行取舍。简单来说,教师应该选择实用性强并且容易掌握的内容进行教授,如英美国家的历史、地理、习语文化、思维方式等。总体而言,我国大学英语文化教学的内容可总结为表6-1。

表 6-1　我国大学英语文化教学内容

| 文化分类 | 具体文化内容 |
| --- | --- |
| 观念文化 | 1. 地理历史——英美地理、历史。<br>2. 宗教——基督教、天主教。<br>3. 艺术——美术、建筑、音乐。<br>4. 哲学——哲学简介。<br>5. 文学——英国文学、美国文学。<br>6. 科学技术——世界科学技术发展简史。<br>7. 价值体系——英美价值体系。 |
| 制度文化 | 1. 政治制度——英国政治制度,美国政治制度。<br>2. 法律制度——英国法律制度,美国法律制度。<br>3. 经济制度——英国经济制度,美国经济制度。<br>4. 生活习俗——英美生活习俗。<br>5. 礼仪——英美礼仪常识。 |
| 物质文化 | 1. 饮食——英美饮食简介。<br>2. 服装——英美服装流派。 |
| 语言文化 | 1. 词语内涵。<br>2. 习语、谚语。<br>3. 语篇结构。 |

## 三、大学英语文化教学的原则

### (一)以学生为中心原则

以学生为中心的教学原则应贯穿英语教学始终,因此在大学英语文化教学中也应坚持此原则。具体来说,在大学文化教学中,教师应尊重学生的主体地位,以培养学生的自主学习能力为中心,引导学生感受和领悟语言与文化,进行文化体验,促使学生进行知识与意义的内在建构。教学的设计和活动的安排都要考虑到各种因素对学生的影响,不仅要考虑英语语言知识学习,还要注重学生对本族语和本族文化的理解和体验、对目的语文化的

## 第六章　基于自主学习的大学英语文化教学改革

态度、学生个人的综合素质等。

(二)对比性原则

对比法是英语教学的重要方法,因此在英语教学中应坚持对比原则,这在文化教学中同样适用。中西语言和文化存在各种各样的差异,只有对本土文化与英语国家的文化进行对比,并分析出二者的差异性,才能在学习中时刻注意文化因素,培养文化意识。需要注意的是,语言文化间的对比并非简单的基于行为主义的对比分析假说,而应基于认知心理科学理论,从正负迁移、推论、转换等各方面就母语对二语迁移及彼此之间的相互作用进行研究,并对比其异同。具体来说,对比性原则要求做到以下几点。

(1)基于多元文化的背景特色,通过对本土文化、本族文化及英语文化等不同文化之间进行对比,有助于加深学生对英语国家文化的理解和认知,同时逐步了解英语国家的价值观、思维方式、生活习惯、人生观等层面的差异。这不仅可以避免出现狭隘民族主义,也可以克服民族虚无主义,并有助于提升不同阶段学生的文化理解能力。

(2)通过对不同文化进行对比,学生将自己的文化带入英语国家文化中,使学生养成文化思辨能力,辨别其中的可接受文化与不可接受文化。在文化对比中吸取不同文化的精华,在培养英语思维提高语言交际能力的同时,有助于培养自身的民族身份意识及文化自觉,克服"中国传统文化失语症",进而提高跨文化交际能力。

(3)通过对两种文化进行对比,学生进一步加深对不同文化的理解,不仅有助于习得不同的语言文化知识,帮助学生避免出现交际障碍,而且有助于促进其跨文化意识和交际能力的培养。

(三)分别组织原则

大学英语文化教学应遵循分别组织原则,简单来说就是根据具体情况分别组织不同的活动。一般来说,英语跨文化活动主要有大型集体活动、小组活动以及个人活动三种类型,其中又以小组活动最为常见。教师应在充分了解学生英语水平、个人兴趣的基础上,将其分为不同的小组,如会话小组、表演小组、戏剧小组等,目的是使每个学生的才能都能得到充分发挥。

个人、小组以及大型集体活动相互影响、相互作用。大型集体活动的效果取决于小组活动的质量,而小组活动的效果又取决于个人活动的质量。教师在组织英语跨文化活动时,应合理安排这三类活动形式,使三者相互配合,最终提高跨文化教学的效果。

(四)因材施教原则

上面说的分别组织原则是基于跨文化活动的种类进行讨论的,这里所说的因材施教原则主要基于学生直接的个体差异而言。具体来说,学生的思维、价值观、世界观和文化体验等在大学英语文化教学中发挥着重要的作用,它们是语言和文化教学的基础,因为学生跨文化能力的培养需要从学生现有的文化体验出发,通过母语文化与目的语文化进行对比,从而提高学生的文化意识。每个学生都有其独有的个性,因此在大学英语文化教学中,教师应针对学生的特点、学习风格、语言水平等选用合适的教学方法实施因材施教,并尊重学生的个人体会、价值观念、思想情感等,不能对学生持有轻视、否定及批评的态度。

(五)以理解为目标原则

指英语文化教学应以文化知识为起点,文化意识为桥梁,文化理解为最终目标。具体来说,文化知识导入的目的是培养学习者的文化意识,这是文化教学的第一步;文化意识是文化理解的基础,它是指学习者对文化间差异的敏感性;文化理解则是学习者以客观、正确的态度看待、理解母语文化和目的语文化,并能以得体的行为方式与非本族语者进行跨文化交际。以理解为目标的教学原则是由社会需要的规律所决定的。随着社会的发展,不同文化间的交往愈加频繁。文化理解是国际交往的重要桥梁,没

# 第六章　基于自主学习的大学英语文化教学改革

有对自身及他国文化的正确理解,就很难实现跨文化交际。没有对母语文化和目的语文化的正确理解,学习者就无法获得跨文化交际的能力。在大学英语文化教学中,要做到以理解为目标,教师应做到如下几点。

(1)在进行文化教学时,不应过于强调知识的灌输和行为的简单模仿,而要通过对目的语文化的分析和解释等手段使学生认识到目的语文化与本族文化的异同以及异同的渊源和生成原因。

(2)在对教学进行评价时,要注重学生对目的语文化的共情能力(empathy),而不应强调他们对非本族文化的排斥或接受情况。例如,在讲授美国人对老年人的态度时,不要以中国人的标准去衡量美国人的行为。在美国,"老"意味着精力衰退,生存能力降低,是非常可怕的一个词。正因如此,美国人都害怕说老,避免说老,老年人常被称作 senior citizens。对待老年人的不同态度与中美文化中深层的价值观、世界观以及不同的社会现实等因素有关。因而,在教授这一文化现象时,不能简单地判定对错,而应该从一种文化现象的渊源上了解其生成的原因,从而理解其存在的现实。可见,通过了解和研究现象产生的文化渊源,能帮助学生更好地学习文化知识。

(六)循序渐进原则

文化知识也有着自己的科学体系,这就要求教师应遵守循序渐进的教学原则,在文化教学中,应合理安排不同阶段的学习内容,以使教学内容符合学生的认知特点和发展规律,使学生可以由简到繁、由浅入深地掌握文化知识。具体来讲,在文化教学的初始阶段,以日常生活的主流文化为主。在中间阶段,可以教授文化差异带来的词语的内涵差异及其运用差异。在最后阶段,就可以渗透一些文化差异导致的思维方式、心理方式以及语言表达差异,使学生深层次地了解英语文化,加深印象。

(七)及时总结原则

在大学英语文化教学中,坚持总结原则是非常重要的。无论是哪种活动形式，在活动结束之后，教师都要及时进行分析与总结，发现所取得的进步与问题，找出问题的原因，这可以为以后跨文化教学活动的展开做好充分的准备。

## 第二节　大学英语文化教学的革新方法

### 一、显性文化教学法

显性文化教学法是大学英语文化教学的重要方法，它是一种相对独立于语言教学的、较为直接系统的、以知识为重心的文化教学方法。显性文化教学法可有效培养学生的跨文化意识。对中国大部分学生来说，他们都是在全汉语的环境下学习英语的，因此比起让学生在课堂学习的过程中自然地获取异文化的知识来说，显性文化教学策略更加省时、高效。此外，显性教学法直接明确地介绍外国文化，这有助于减轻学生由于对异文化不熟悉而产生的困惑，而且这种知识是培养跨文化交际能力的基础。

显性文化教学法的运用具体主要有下面两种模式。

一种模式是在语言课程之外开设专门的文化课程，如"英美概况""英美文化""跨文化交际"等，直接系统地教授英语国家的历史、地理、制度、教育、生活方式、交际习俗与礼仪等有形的文化知识。

另一种模式是在语言课程中"导入"与"语言点"相对的"文化点"，这种文化导入往往结合阅读课文或听力对话等语言知识的学习，因此缺乏系统性。

### 二、隐性文化教学法

隐性文化教学法是与显性文化教学法相对的。随着教学思路和方法的不断改革,英语教学与英语文化教学逐渐自然地融合。这样一来,教学不是直接传授文化知识,而是在课堂提供的真实的交际情景中以交际为目的,在使用语言的过程中自然地习得目的语文化,存在一种"通过实践来学习"的理念。这种融于语言学习中的、较为间接、相对分散的、以行为为重心的文化教学法就是隐性文化教学法。

与显性文化教学法相比,隐性文化教学法更加强调语言教学与文化教学的自然结合,提倡"通过实践来学习",以填补如何教授外国文化的隐形内涵这一空白,尤其是隐含在语言使用中的文化知识和话语规则。此外,隐性文化教学法非常注重学生的个体需求,常根据学生的实际情况进行有针对性的教学。

## 三、文化讨论法

文化讨论法能改善死气沉沉的课堂气氛,有效激发学生学习的主动性,同时能让学生在讨论中无形获得文化知识,因此是一种行之有效的文化教学方法。具体来说,文化讨论法就是教师以班级为单位,组织学生就某个专题开展有程序的、面对面的讨论,并在讨论过程中解决实际问题或解答特定课题。学生在讨论过程中,对所讨论的内容会产生深刻的印象,并能培养对英美文化的敏感性,使他们在英语学习中善于发现英美文化的特点并乐于了解和学习英美文化。例如,在教授 *Healthy Eating* 一课时,教师可先为学生提供一篇介绍西方饮食文化的材料,组织学生就材料的内容进行介绍和讨论,然后让学生就中西方饮食文化进行对比、分析、讨论。

## 四、文化旁白法

所谓文化旁白法,是指在进行语言教学时,教师就所读的材料或所听的内容中对有关的文化背景知识,见缝插针地做一些简单的介绍和讨论。一般来说,教材所选的课文都有特定的文化背景,如果学生不了解或缺乏相关的背景知识,就会影响他们对文章的正确理解,从而无法对阅读理解的问题做出准确的推理和判断。使用文化旁白法则可有效地扫清部分语言认知的障碍,帮助学生正确理解英语知识,同时增长学生的见识。

就操作来说,文化旁白法的操作方式灵活多样。教师既可以充当讲解员,也可以运用图片、实物教具或多媒体课件等手段进行讲解;既可以在讲解段落或句子时进行,也可以在听力教学中随时进行。不过,文化旁白法存在一定的缺点,主要是随机性较大,相应地,对教师的要求就比较高,需要教师具有较强的驾驭语言与文化的能力、一定的教学技能与艺术。

例如,在《21世纪大学英语》第一册第十单元的 *Cloning: Good Science of Bad Idea* 中有一句话:"Faster than you can say Frankenstein, these accomplishments, triggered a worldwide debate"(不等你说出弗兰克斯坦,这些成果就已经引发了世界范围的大辩论)。初读以上这句话,如果不具备相关的文化知识,是很难理解其内涵与社会意义的。对此,教师在授课时可借助文化旁白法进行文化背景介绍。这里需要进行介绍的主要包括以下三点。

(1) Faster than you can say Frankenstein 源于英语成语 before you can say Jack Robinson,意为"开口讲话之前"。

(2) Frankenstein 是英国女作家 Mary.W.Shelley 同名科幻小说中的主人公,是一个创造怪物而最终也被它毁灭的年轻医学研究者。

(3) 本文提及此人物有其社会意义,它能使读者将克隆技术与小说情节产生联想,表达出作者担心克隆技术会使人类作茧自缚、玩火自焚的心情。这种担心又与世界上已经掀起的大辩论不谋而合。了解这些文化背景后,学生会有一种茅塞顿开的感觉。

文化旁白法运用于听力教学也十分奏效。因为在听力理解的过程中,听者的社会文化背景知识与语用学知识和语言方面的

## 第六章　基于自主学习的大学英语文化教学改革

知识同样重要。如果缺乏对中西文化差异的了解，就会影响对话语深层次的理解。请看《新英语交谈》第四课的一段对话。

John：OK，Beth，what's the problem? Do you want to talk about it?

Beth：No…Yes…I don't know.

John：Come on，Beth，I'm your brother.What's the matter?

Beth：It's Ken.He's really fun to be with，but he's the cheapest guy I've ever gone out with.

John：Why? What did he do?

Beth：Last night we went to a movie.I bought the tickets while he parked the car.

John：So?

Beth：Well，he never gave me any money for his ticket.And you won't believe what happened next!

John：Yeah?

Beth：He went to the snack bar and came back with popcorn and a soda…for himself! He never even asked me if I wanted anything!

John：Wow! That sounds pretty bad.

Beth：I know.I really like him，but he makes me mad，too. What should I do?

John：You should start looking for a new boyfriend!

要准确理解上述对话，首先要理解为什么 Beth 认为她的男朋友 Ken 是最小气的人。对这个问题的了解需要学生了解英美国家中的交往习俗。在英美国家的交往中，人们习惯于分摊交际费用。例如，朋友们相约去一起吃饭，但是在结账时，一般都是分摊，除非事先说好是 a treat。即使是搭乘朋友的汽车，也需要给朋友油钱。因此，按照 go Dutch 的交往原则，Beth 的男朋友 ken 应该还她的电影票钱。如果了解了这一文化背景，也就容易理解为什么 Beth 认为她的男朋友 Ken 是最小气的人了。

## 五、背景讲解法

背景讲解法也是一种行之有效的文化教学法,具体来说,在进行语言教学时,对学习材料中的相关文化背景知识,教师可做一些说明介绍,其目的是帮助学生更好地理解所学材料。实际上,这也是其他知识和技能教学中常用的方法。因为一般来说,教材中的课文都有其特定的文化背景,如时代背景、内容背景、作者背景等。如果学生对这些背景知识忽略不计,他们就难以准确和深刻理解所学材料。因此,对相关的文化背景进行讲解是很有必要的。具体来说,背景讲解法可贯穿于以下技能教学中。

(一)在听说教学中进行文化背景讲解

教师根据单元的主题,可以进行一定的文化引导。教师可以让学生先进行对话表演,从中听出他们已经了解了哪些文化知识,还有哪些部分需要介绍,然后再进行有针对性的练习,加深学生的印象。例如,每个国家都有着丰富的节日文化,了解各国节日的来历、习俗等有助于了解该国家的文化。对此,教师可以采用任务教学法,要求学生单独或以小组合作方式在课前查明节日的来历、习俗等,然后在课堂上陈述或表演出来,供大家参考。

(二)在阅读教学中进行文化背景讲解

在英语课的阅读教学中,学生阅读一般的英语文章难度不大,但是对英语文章理解得并不透彻。因此,教师除了要讲授英语基本知识,还应该引导学生学习与课文相关的背景知识。

在阅读教学中,教师尤其要注意文学经典作品的重要作用。英美文学在世界文学史上占有重要的地位,教师要充分借助英美文学的作用,丰富教学内容,让学生领略英美文学作品的魅力。由于英美文学作品重在赏析,因此在阅读教学中,教师首先要对

# 第六章　基于自主学习的大学英语文化教学改革

作品进行分析,特别是对于精读部分的关键词和关键句要进行精讲。在此基础上,教师可以对相关背景知识,如历史、社会、作家、人物角色等进行讲解,帮助学生更好地进行理解和阅读。

例如,《大学英语》(外语教学与研究出版社)第四册第三课 *Solve That Problem With Humor* 第 10 段中有这样一个句子: Suddenly, the graying pencil-line mustache on Michener's face stretched a little in Cheshirean complicity. "How very nice of you all to turn out to see me! … shall we go in?"

在进行阅读教学时,教师可重点针对柴郡猫(Cheshire cat)这一形象进行背景讲解。柴郡猫这一形象出自著名英国儿童文学作家卡罗尔的作品《爱丽丝漫游奇境记》,它总是通过自己貌似平静的笑容来掩盖内心的胆怯。咧嘴笑是它的经典表情,即使在它消失时,它的笑容仍旧挂在半空。总督(Michenner)酷似柴郡猫样地咧嘴一笑,把纠察人员及旁观的工人当作是来欢迎他的人,机智地使自己摆脱了困境。由此可见,通过外国文学作品鉴赏法不仅可以加深学生对课文的理解,还可以丰富学生的文化知识。

(三)在写作教学中进行文化背景讲解

不同的文化造就了不同语言运用者迥异的思维方式。在运用英语表达自己的思想时,母语文化思维方式、价值观、语言修辞等影响着中国学生的英语写作。由于中西方思维方式和表达习惯的巨大差异,两种语言在遣词造句、谋篇布局上均有着不同的表现。

中国螺旋形思维造成的一种后果就是,不会直接切入主题,而是反复将一个问题展开,最后再总结。西方的思维方式是比较偏向于直线型的,在英语段落结构上一般遵从:从总到分、从概括到举例、从一般到具体、从整体到个体。西方人撰写的论文往往在文章开头就已经表明了作者的态度,而且文章总是会有一个固定的中心论点,文章中的细节都是按照该中心展开论述。"螺旋式"的中文表达方式往往使得以母语为英语的读者迷惑不解,甚至认为中国学生英语表达拖沓、主题不明确。因此,教师应该加强锻炼学生的英语写作思维。

## 第三节　大学英语文化自主学习能力提升的途径

### 一、了解语言差异,夯实文化基础

学生要想进行文化自主学习,提升文化意识,首先需要有扎实的语言基础。不仅如此,在熟练掌握英汉双语的基础上,学生要深入学习语言层面的文化差异,这是顺利进行文化学习的前提。这里主要从词汇、句子和语篇层面介绍英汉语言文化差异。

(一)词汇的文化差异

词汇是语言的重要组成部分,也是语言的基本材料,没有语言就无法表达思想。不同词汇中往往蕴含着不同的、丰富的文化内涵,学生对此要多加学习。

1.联想意义

无论是在英语中,还是汉语中,均有很多比喻性词汇,如成语、典故、颜色词、植物词等。这些词生动、形象,具有鲜明的联想意义,被赋予了特定的民族文化特色。

尽管有不少英汉词汇的本体可以相互对应,但是也有一些词汇在另一种语言中具有不同的联想意义,或缺少相对应的联想意义。例如:

beard the **lion** 虎口拔牙

black **sheep** 害群之马

as timid as a **rabbit** 胆小如**鼠**

## 第六章　基于自主学习的大学英语文化教学改革

### 2.情感意义

在英汉语言中,有一些词汇虽然字面意义相同,但是有着不同的情感意义,也就是说,词的褒贬含义不同。例如,英语 peasant 一词从历史上来看具有明显的贬义色彩,指的是社会地位低下、缺乏教养等人群。与汉语的"农民"一词虽字面意义相同,但情感意义不同。因为汉语中的"农民"指从事农业生产的劳动者,被视为最美的人,具有明显的褒义色彩。所以,汉语中的"农民"一词译为英语中更为中性的 farmer 更合适。

### 3.象征意义

受文化差异影响,中西很多词汇在象征意义上也有很大差异,这在数字词、色彩词、动物词、植物词中等体现得尤为明显。换言之,在不同语言中,同一概念可能被赋予了不同的象征意义。例如,英语的 red 与汉语的"红"虽然均可以象征喜庆、热烈,但英语中的 red 还可以象征脾气暴躁,如 see red,而汉语中并无这一象征意义。

### (二)句子的文化差异

#### 1.句子主语差异

(1)英语句子主语的类型

英语句子主语根据性质进行划分,可以分为逻辑主语和执行主语。

逻辑主语与非谓语动词在逻辑上有一定的主谓关系,是动作的直接执行者,其常常作为被动句式的主语置于句首,与谓语动词之间存在承受关系。例如:

**This novel** has been translated into several languages.

**Her house** is furnished in excellent taste.

此外,逻辑主语也可作为被描述的对象存在于主动句式中,这时句子主要描述主语的特征、性质、状态等。例如：

**Jane's being careless** caused so much trouble.

**He** is broad-mined.

**The road** runs directly north.

执行主语作为行为动作的实施者或执行者往往由有生命的名词或代词来充当，常见于主动句中。例如：

**A bee** pricks the skin with its sting.

**He** went to bed immediately when he finished his work.

(2)汉语句子主语的类型

汉语句子中的主语根据主谓关系进行划分，可以分为施事主语、受事主语和中性主语。

施事主语是动作行为的发出者，通常是表示人或物的名词或代词，谓语动词与施事主语的主观意志可以存在紧密的关系，也可以没有关联性。例如：

**妈妈**批评了我。

**猫**不停地叫。

**同学们**要积极参加课外活动。

**目标**暴露了。

**钱包**丢了。

受事主语作为动作的承受者常置于句首起强调作用，这时施事主语会紧随其后。例如：

**衣服**我昨天洗好了。

**什么事情**我都不想干。

**那个电影**他看过两遍。

中性主语在句中既不是施事者，也不是受事者，而是被描写、判断和说明的对象。例如：

**妹妹**十二岁了。

**北京**是中国的首都。

**祖国疆域**辽阔。

## 第六章　基于自主学习的大学英语文化教学改革

2.句型对比

英语民族重视个性,崇尚自由,注重逻辑分析和论证,在表达时先是主语、行为,后是行为客体和行为标志,重视形式或形态上的一致性,基本的句型结构变现为"主语＋谓语＋宾语＋状语",各成分之间一旦发生移位,就会产生倒装等非常规的表达。名词、动词、代词等词类的构形变化是进行意义构建或逻辑推理的必要手段。例如,名词或代词在充当句子主语时要发生数、人称、性或格等方面的变化,动词在充当句子谓语时也必须在时态、语态、数和人称等方面与相关成分保持一致。如果违反了一致性的原则,就会造成逻辑上的混乱。此外,英语的句子结构具有较强的严密性和完整性。以不及物动词和及物动词为例,不及物动词本身就可以表达相对完整的概念,而及物动词没有完整的语义,必须搭配宾语才能成为有效的表达。例如,wash 一词在作为不及物动词时,不搭配任何宾语就可以表达完整的动作意义,如"She washes."一句中,wash 一词就隐含了各种与"洗"有关的意义。另外,wash 也可作及物动词使用,如"She washes her feet before going to bed."

汉语民族在注重个人感受的同时,讲求平和、和谐,在现在语言表达中则是先主体、行为标志,后行为、行为客体。常见的句子结构表现为"主语＋状语＋谓语＋宾语",但这只是基本的句子构造,汉语的句式远没有英语句式那样严谨。汉语的语法表达手段和句子成分安排相对灵活多变,语义也常常不甚清晰,句子成分之间的移位对句义的表达影响不大。例如,在"生命开始了(life begins)"和"生命已经开始(life began)"中,汉语的时间界限不甚明了,而英语中则界限分明,动词的时态变化明显。又如,汉语中的"了""的""是"等词往往可以省略,而且省略后更加简洁,符合汉语的表达习惯,而英语中的 be、become 等词却是句子不可缺少的必要成分。例如,"生命是不灭的"一句改为"生命不灭"更符合汉语的行文习惯,而在英语中则必须表达为"Life is imperishable."如为"Life imperishable."则是错误的。

(三)语篇的文化差异

中西语篇文化差异主要涉及以下两个方面。

1.语篇衔接差异

语篇的衔接手段有两种类型:词汇衔接和语法衔接。在词汇衔接层面,英汉语言并没有太大的区别,而在语法衔接层面,二者的差异较大,下面主要是针对英汉语法衔接手段进行分析的。

(1)替代

所谓替代,即将上文中所提到的内容使用其他形式进行代替,这是语篇衔接过程中经常采用的一种手段。在英语段落中,人们经常使用词汇来传达两个句子之间所形成的呼应关系。在英语语言中,替代的形式有很多种,常见的包括如下三种:

其一,名词性替代;其二,动词性替代;其三,分句性替代。

在汉语语言中,人们很少使用替代形式,因而典型的替代形式比较少见。通常,汉语中人们习惯对某一个词或某一些词进行重复,通过重复来实现句子与句子之间的连贯。另外,汉语中还经常使用"的"的结构实现连接。

英汉两种语言在替代方面的区别主要有下面两点。

其一,英语的替代手段比汉语要多。

其二,英语语篇中使用替代的频率明显比汉语要高,对于英语中所使用的替代形式,汉语则多通过重复、省略来实现语篇衔接。

(2)省略

所谓省略,顾名思义,就是将句子、段落、文章中某些可有可无的成分省略不提。在英语语篇中,人们经常通过省略实现语言凝练、简洁的目的。众所周知,英语语法的结构是十分严谨的,因而不管从形态上而言还是从形式上而言,使用省略这一方式不会引起歧义现象,因而英语语言中使用省略的情况是很多的,而汉

## 第六章　基于自主学习的大学英语文化教学改革

语语篇在省略的频率上则要大大低于英语语篇。

另外,英汉语篇对于省略的成分也存在不同表现:英语语篇中不会省略主语,但汉语语篇中除了第一次出现的主语之外,后面出现的主语往往都可以省略。出现这种区别的原因,主要是汉语主语与英语主语相比较而言,其具有的控制力、承接力都更加强大。

(3)照应

所谓照应,指的是当无法对语篇中的某一个确定词语进行解释时,可以从这一个单词所指的对象中找到答案,那么就意味着这一语篇中形成了一种照应形式。从本质上而言,照应表达的是一种语义关系。

在汉语语篇中,照应关系是随处可见的。汉语中不存在关系代词,但英语中关系代词十分之多,尤其是人称代词。因而,汉语语篇通常会使用人称代词来表达英语语篇中所形成的照应关系。

在英汉语篇中,照应关系的类型是基本相同的,不过二者使用这一形式的频率表现出很大的差异性。英语照应中使用人称代词的频率比汉语中要高,这与英语行文通常要求避免重复,而汉语则多用实称有很大的关系。

(4)连接

在语篇中,通过使用连接词、副词、词组等来实现语篇的衔接的手段即为连接。连接不仅有利于读者通过上下文来预测语义,还可以更快速、更准确地理解句子之间的语义联系。英汉语篇在连接方面的差异主要表现在以下两点。

其一,英语连接词具有显性特征,汉语连接词具有隐性特征。

其二,英语的平行结构常用连接词来连接,而汉语中的衔接关系常通过对偶、排比等来实现。

2.语篇模式差异

(1)英语语篇模式

语篇段落的组织模式也就是段落的框架,即以段落的内容与

形式作为基点,对段落进行划分的方法。通常而言,英语语篇的常见模式如下所述:

其一,叙事模式。这种模式是依据一定的时间顺序对时间发生过程进行记叙的一种语篇模式。它要求对叙事角度予以确定,通常采用第一人称或第二人称,同时还要将何时、何地、何事、何人、为何这几个方面的内容交代清楚。

其二,概括—具体模式。概括—具体模式多见于文学著作、社会科学、自然科学语篇中。著名学者麦卡锡(McCarthy)将概括—具体模式的宏观结构划分为以下两种:

概括与陈述→具体陈述1→具体陈述2→具体陈述3→具体陈述4→……

概括与陈述→具体陈述→更具体陈述→更具体陈述→……→概括与陈述

其三,主张—反主张模式。一般情况下,在主张—反主张模式中,作者先提出一种被广为接受或某些人赞同的主张或观点,并予以澄清,然后提出自己的主张或观点,也就是提出反主张。

其四,问题—解决模式。问题—解决模式的程序是:首先说明情况,然后出现问题,随后做出反应,采取的反应可能解决了问题,也可能没有或没有完全解决,最后对此做出相应评价。[①] 但是,这些基本程序并非固定不变的,其顺序一般会随机变动。

其五,匹配比较模式。该模式多见于对两种事物异同点的比较。

这几种组织模式之间可以相互融合与包含。从整体上来看,英语语篇模式主要有以下特点:语篇模式的展开一般是先综合,再分析,从一般到特殊;语篇展开分析非常注重理性和形式,结构一般比较严谨,层次清晰,语篇的重心位置以及焦点往往是固定的;语句之间连接具有显性特征。

---

① 杨丰宁. 英汉语言比较与翻译[M]. 天津:天津大学出版社,2006:202.

(2)汉语语篇模式

英汉两种语言语篇中的叙事模式、主张—反主张模式基本相同。汉语语篇的段落组织模式也有其自身的特点,主要体现为以下两个方面。

其一,汉语语篇段落的重心位置与焦点虽然通常出现在句首,但有时也可能会出现在段尾。例如:

你将需要时间,懒洋洋地躺在沙滩上,在水中嬉戏。你需要时间来享受这样的时刻:傍晚时分,静静地坐在海港边上,欣赏游艇快速滑过的亮丽风景。以你自己的节奏陶醉在百慕大的美景之中,时不时地停下来与岛上的居民聊天,这才是真正有意义的事情。

在本例中,段落的重心与焦点是"真正有意义的事情",位于段尾。

其二,汉语语篇的段落组织重心和焦点有时并不直接点明,甚至也可能没有焦点。例如:

坎农山公园是伯明翰主要的公园之一,并已经被授予绿旗称号。它美丽的花圃、湖泊、池塘和千奇百怪的树木则是这个荣誉的最好证明。在这个公园,您有足够的机会来练习网球、保龄球和高尔夫球;野生动植物爱好者可以沿着河边的人行道和自行车道游览。

## 二、欣赏影视作品,拓展文化眼界

影视作品涉及社会生活的方方面面,包含着大量文化信息,为学生进行自主学习提供了丰富的资源。在欣赏影片的过程中,学生可以身临其境,感受大量有声与无声、有形与无形的社会文化知识。正如一句谚语所说:"一幅图画胜过千言万语。"电影就是这样一种让我们轻松愉悦地学习西方社会文化的手段。那些以社会变迁和发展为主题的纪录电影,其直观的画面与所要教授的文化内容一一呼应,能使学生获得更直观的体验和感受,这比从书本上学的知识更让人难忘。

### 三、尊重文化差异,树立多元文化意识

学生在文化自主学习过程中会了解到世界文化的多样性,因此要懂得尊重不同文化之间的差异,建立多元文化的概念,这对学生进行文化学习具有重要的宏观指导意义。世界构成群体具有明显的多元文化特征,不同的文化有其产生和发展的背景,每种文化都有其不可替代和不可剥夺的存在理由。基于现代生活的需要,各文化群体间的交流和接触更是频繁深入,对异质文化的尊重和理解对有效避免文化冲突、实现平等交往,进而实现成功合作具有非常重要的积极作用。因此,学生要树立多元文化意识,尊重文化的多样性,努力在文化差异中加深对本族文化的理解,从而能够做到客观有效地把握各自的文化特性,进而以开放的心态对待世界文化的多样性和多元化。

# 第七章  基于自主学习的大学英语教师

现在,培养学生的自主学习能力已经成为大学英语教学的目标之一,也成为大学英语教学改革的重要方向。但作为学生学习的引导者和榜样,教师要想培养学生的自主学习能力,首先要从自身做起,即教师明确自己的角色,并有意识地培养自己的自主教学能力,以此来带动学生的自主学习。本章就对基于自主学习的大学英语教师进行探讨。

## 第一节  教师自主的概念

教师自主影响着学生自主,所以要想培养学生的自主能力,教师自身要具有自主意识。本节就对教师自主进行具体论述。

由于教师角色的多元化,对于教师自主的概念,国内外学者有着不同的看法,而且至今没有达成共识。以下就对一些有代表性的观点进行说明。

安德森(Anderson,1987)提出,教师自主是教师摆脱他人对其职业行为或发展的控制的权利。

利特(Little,1995)认为,教师自主是教师进行自主教学的能力,要求教师在专业上具有独立操作的能力,在教学上有强烈的责任感,在教学过程中不断反思并分析情感及认知因素。

托特-莫罗内(Tort-Moloney,1997)则认为,教师自主指教师具备在自我指导下独立完成教学任务的能力。在他看来,自主型的教师能够真正懂得教学技巧为什么、何时、何地以及怎样在教学实践的自觉意识中获得。

本森(Benson,2000)认为,教师自主就是享受不受约束控制的权利。

青木(Aoki,2000)则认为,教师自主要求教师有足够的能力、自由,并能承担责任,从而在教学时做出正确的判断和选择。

巴菲尔德(Barfield,2001)指出,教师自主是不断思考如何最佳促进学习者自主学习、发现教学中的困难并试图找到解决方案的过程。

史密斯(Smith,2003)综合诸多学者的观点,论述了教师自主所涵盖的不同层面:(1)职业行为,即自主的职业行为、进行自主职业行为的能力、摆脱制约的自主职业行为;(2)职业发展,即自主性职业发展的能力、摆脱制约的职业发展自由。在教师的职业发展这一层面,史密斯提出了"教师—学习者自主"的概念,因为教师的自主性职业发展也是一个终身学习的过程。

综合不同学者的观点,教师自主可总结为以下三点。
(1)实行自主教学行为和自主专业发展的能力。
(2)在教学中不受约束充分享受自由的权利。
(3)教师和所有的自主学习者一样还应具备自主学习的能力。

## 第二节　基于自主学习的大学英语教师的角色

从概念上来讲,教师角色是指教师与其社会地位、身份相联系的被期望的行为。随着自主学习研究的深入,国内外普遍认为传统教学模式已经不再占主导地位,传统教师角色已不能实现自主式、体验式教学模式。在体验式自主学习的教学模式下,需要教师把学生视为言语实践活动的参与者、认知的主体、语言知识的主动建构者,因此教师应该充当以下角色。

# 第七章　基于自主学习的大学英语教师

## 一、资源提供者

教师是资源的提供者,这是毋庸置疑的,也是值得肯定的。由于教师熟悉语言的结构、词语的意义及其使用方法,具有广博的知识和丰富的教学经验,能够参与到学生的自主学习过程中,并给予学生多方面的、积极主动的帮助和支持,所以教师是学生最重要的信息来源之一。在信息社会中,学生也越来越不满足于单纯的课本知识的学习和交流,需要教师帮助他们拓展视野,充实各方面丰富的知识,从而提高学生的语言能力及社交能力。

即使是在自主模式下,教师也应该做学生自主学习的资源提供者。由于学生自己掌握的知识和资源的限制,会在很大程度上影响教学效果,所以就需要教师作为资源提供者,提供学生所需要的学习资源。所谓学习资源,不但是指各种学习材料,还应该包括多种学习手段和条件,如多媒体和互联网络、广播、电视、录像等。教师作为资源提供者,要为学生自主学习提供所需要的大量的信息资源、方便的学习工具和丰富的学习策略。通过这些有用的资源,使得教师对学生的辅导和帮助更加实际。教师要充当好资源提供者的角色,积极开发和利用英语教材及其以外的其他课程资源,为学生自主学习提供丰富、实用的材料和资源,从而加强英语教学的积极性和灵活性。教师需要切实了解学生自主学习过程中所需要资源的状况,从而给予及时的帮助和指导。

作为资源提供者,教师要帮助学生解决学习过程中遇到的有关学习材料的疑难问题。在这一过程中,教师应首先鼓励学生先通过自己的能力解决问题,教师需要做的是提供相关的参考书或有益的工具书,帮助和指导学生科学地选择和使用学习资料,避免学生盲目寻找价值不大的辅导材料而影响学习质量;指导学生充分有效地利用图书馆、多媒体和互联网等资源,让学生自己查找资料,独立寻求解决问题的途径。学生通过自己查找、搜索到的信息往往比教师单纯讲授更有利于记忆和理解。学生在教师指导下查询、搜集以及有效地利用学习资源的过程中,既扩展了视野、丰富了知识体系,还潜移默化地培养了学生自主学习的能力。

## 二、引导者

在自主模式下,教师是学生英语自主学习的引导者,具体是指教师要根据学生的总体情况制订出切实可行的学习方案,为学生指明正确的学习方向,在不同教学阶段给予学生及时的意见和建议;在教学过程中不断帮助和引导学生达到其预期的学习目标,逐步完成教学任务。在自主教学模式中,教师的指导作用则主要体现在对学生自主学习活动的各个环节和方法的引导上。在以学生为中心组织课堂教学的前提下,教师应该给予学生充分的指导,使学生在教师的启发、指引下主动接近教学目标,取得较好的学习效果。具体而言,教师作为引导者的行为包括以下几个方面。

(1)教师根据学生的总体水平,选择适合的学习材料和学习策略,制订出学生的学习目标。

(2)教师要了解并参考学生的个体差异、具体个性特点和接受能力,与之探讨他们应该能够达到的最佳学习效果,帮助他们制订针对自身的切实可行的学习方案。

(3)教师要指导学生合理有效地安排学习时间,指导学生充分利用图书馆、互联网,在课堂上与学习伙伴讨论等。

(4)教师要努力发现学生在自主学习过程中存在的问题和困难,对在学习上遇到问题的学生给予及时的支持和指导,并且要对学生在课堂内外的表现给出实质性的建议和评价。

(5)教师作为引导者要培养学生养成良好的学习习惯,培养学生的听说技能和交际能力,给学生制订长期和短期的学习计划。

(6)教师要鼓励并组织学生参与各种形式的课堂活动,包括

# 第七章　基于自主学习的大学英语教师

各种形式的演讲、角色扮演、游戏等以激发他们的兴趣和积极性。

总体而言,教师作为引导者的作用是引导和组织有意义的教学活动、监控教学进程、适时地调整教学方法以及引导学生寻找解决问题和困难的途径,同时培养学生自主学习、敢于实践的意识,使学生认识到学习成功与否的关键在于学生本人。

## 三、参与者

随着教学的不断变革,教师由居高临下的传授者变为学生学习的参与者。教师与学生同属于教学的构成要素,因此师生应该平等地参与教学,成为共同构建学习的参与者,与学生一起探求知识、寻找真理,并敢于承认自己的错误与过失。这就要求教师改变以教师为中心的旧有思想,从居高临下的权威中走出来,在平等、民主的氛围中引导学生自主学习,并且在参与学生活动的同时不能成为主角,而应成为学生的观察者、倾听者和交流者。

在参与学生活动的过程中,教师就成了学生的合作者,这样可以使学生感觉到教师不再是教学的权威,而是学生的一员,这对消除学生的紧张情绪、提高学生的参与积极性十分有利。对此,教师在参与课堂活动的过程中,应抓住所有机会为学生创造自然、轻松的活动氛围,让学生在没有压力的环境中进行语言实践。此外,教师参与学生的语言活动也能为学生起到一种示范作用。在语言活动中,学生在运用语言时会不自觉地以教师作为榜样,在教师的引导下,学生的语言运用能力会逐步得到提高。

## 四、探求者

在大学英语教学中,教师在使用一些固有教学方法的同时,还应勇敢担负起探求、开发新型教学方法的重任。语言教学的实践性十分突出,因此其与教学方法之间具有十分密切的联系。英语语言技能的掌握、语言知识的分析、课堂活动的组织等都离不开教学方法的参与。英语语言教学的方法有很多种,如语法—翻译法、听说法、交际法、情境法、任务法、自主学习法等,这些方法都存在某些优点,也存在着某些缺点。因此,教学方法不可能一成不变,英语教师为了收获更好的教学效果,应在教学过程中将各种教学方法进行有机的综合。就目前的情况来看,英语教学已经从传统的以教师为中心转向了以学生为中心,强调学生的地位,这也有助于实现教师和学生的双向互动。

## 五、协调者

在学生的自主学习过程中,教师要作为"协调者"来协调在语言学习过程中出现的人际关系和社会关系,弱化学生与学生之间、学生与学习之间的矛盾,营造一个积极、和谐的课堂气氛,从而促进学习者的学习。教师要想成为一位出色的协调者,应该做到以下几点:

(1)在学生与学生、学生与教师互动的过程中要协调并鼓励学习者,减少学习者在课堂交流互动中出现的焦虑及消极情绪,使学生在良好的英语学习环境和氛围中,轻松自如地发挥他们的创造力和想象力。

(2)在语言教学中,教师会组织学生进行各种各样不同的交流、互动活动。有交际互动,就会有不同的意见乃至矛盾的出现,此时教师要公正地判断各方意见,给予合理有效的评价,不要给学生一种亲疏有别的感受,以一种平等、亲切的方式正确对待学生与学生之间的摩擦,实现教学目标效益的最大化。

(3)教师作为协调者,在某种程度上也是为学习者提供解决问题和达到某种教学目标或目的的"工具"。当学生在分组或同桌之间讨论时,教师要监控学生正在说的话,并在学生遇到问题时给予及时的帮助,减少学生的挫败感,提高其学习动力和积极性。在学生碰到如单词学习、听力或对篇章理解等学习困难时,要及时给予学生关于学习技巧等方面的指导与协调,要充分利用有限的课堂时间协调好知识传授与学习策略传授的关系,鼓励学生摸索出适合自己的行之有效的学习策略。

## 六、心理咨询者

所谓心理咨询者,就是在教学过程中,针对出现的各种各样的心理问题给予解疑、澄清和引导。心理咨询者的角色更多表现在交流与对话、聆听与倾诉这种民主和谐的师生关系的积极建构中。

众所周知,心理因素是影响外语学习的重要因素之一,所以教师要帮助学生克服可能妨碍外语学习的相关心理因素,准确把握学生的学习心理与外语教学的内在联系,运用有效的教学策略,广泛开展动机、信念、兴趣、意志以及学风等方面的教育,激发学生的学习动机和学习热情,帮助学生克服外语学习中的心理障碍,以提高外语学习的效率。因此,在自主学习模式下,教师还应该充分体现其作为心理咨询者的作用。教师作为一个合格的心理咨询者,应该给予学生心理上的支持,要求教师深入了解学生并走进学生的内心世界,以学生的眼光来发现问题和看待世界,为学生创造良好的学习气氛,多与学生谈心,参与学生活动,体察他们的想法和需要,给予他们爱、信任以及安全感,积极引导他们协调个性化与社会化的关系,使学生能够感到自己时时被关爱、被关注,自己的世界有人分享、有人欣赏。总结而言,教师作为学生的心理咨询者,应努力做到以下几点:

(1)教师作为心理咨询者,首先要关注学生在自主学习过程中产生的各种心理方面的问题,然后给予学生一定的意见和建议,帮助学生克服心理因素的不良影响。教师要平等地对待学生在学习过程中遇到的这样或那样的困难,给予学生所需要的理解、鼓励,给学生提供语言能力、学习方法、学习策略的建议,营造有安全感的学习氛围,促进他们不断地探索和思考。

(2)教师要解决学生生活中存在的多种问题、疑惑与冲突,帮助学生发现其个性缺陷,完善健康人格。

(3)教师要关注与关爱身边的每一位学生,善于发现和满足他们的心理需要,使得学生真正从心理上减轻负担,从而提高学习效率和教学效果。

## 七、促进者

教师要充当好促进者的角色,以有效培养学生的自主学习能力。所谓"促进者",是指在以学生为中心的教学活动中,教师把课堂的控制权基本上转移给学生,让学生自主学习、自由发挥;以学生为学习的主体,教师鼓励和促进学生学习。具体来讲,教师作为促进者应做到以下几点:

(1)教师必须严格把握好"放手"和"控制"的程度。要求教师不仅要具有广博的知识和激励学生的能力,同时也必须具有强烈的责任心。

(2)在教学过程中,教师必须努力构建教师和学生之间、学生和学生之间的有效合作,营造和谐有序、内容丰富的课堂氛围。

(3)教师要在总体上把握课堂进程,注意每个学生的学习进度,但也不要干涉过多,以免影响学习者的积极性。

(4)在旁观的过程中,给予学生积极的鼓励,及时提供准确有效的信息,达到促进学生语言技能和交际能力的双重目的。教师在学生进行自主学习的过程中积极地观察,才能随时掌握课堂中出现的各种情况,制订适合学生的下一步教学计划。

(5)激活学生已有的知识体系,建构并加深新知识的输入。

(6)教师应鼓励学生运用所学的语言知识,与其他学生及教师在特定的情境下进行有效的交流。

教师作为促进者,应帮助并促进学生学习,使学生在已有能力的基础上不断地取得新的进步,提高学生自主处理问题的能力。

## 第七章 基于自主学习的大学英语教师

### 八、解释者

英语教师还充当着中西方语言文化差异解释者的角色。文化背景与文化传统不同,其价值观念和思维方式也存在明显差异。文化差异逐渐成为学生英语学习过程中的障碍。从社会文化角度来说,语言是一种应用系统,具备独特的规范和规则,是文化要素中不可或缺的一部分。在英语教学与学习中,除了要教授英语语言知识和技能外,还需要教授文化背景知识,三者是相互促进、相互弥补的关系。在语言文化知识的内容上,除了要讲解本土文化知识,还需要讲解英语民族的文化知识。

作为中西方语言文化差异的解释者,英语教师需要对中西方的语言文化及差异性有一个清晰的了解和熟知,因此他们需要大量阅读中英文资料、观看中英文电影,积累足够能表现中西文化差异的一手素材。另外需要指出的是,在充当中西方语言文化差异解释者的过程中,教师需要保持一种中立的态度,文化没有好与坏,在选取素材上也尽量选取那些不会伤害任何文化的素材,这样有助于更好地引导学生对文化差异有一个清晰的认知,从而更好地进行自主学习。

### 九、评估者

在整个教学过程中,教学评估是不可或缺的部分,无论在传统的教学模式中还是自主学习语言的教学环境中,在学生的学习过程中都需要教师给予评估。在自主式语言学习模式中,教师更要充分利用评价的积极导向作用,把形成性评价与终结性评价相结合,对教学产生积极的作用,这就使得教师作为评估者的角色也十分重要。虽然学生在自主学习中可以对自己的学习效果进行评估,但由于他们自身知识水平的局限性,使得他们的评估可能会缺乏一定的准确性。教师通过对学生自主学习过程中学习策略、学习效果及学习进度等进行评估,既是学生的迫切要求,也可使教师能够有效地把握教学计划的实施情况,并且获得反馈信息,从而调整教学进度和方案,最终达到改进教学的目的。教师既可以将评估作为一种激励学生学习的手段,又可以将评估作为考核学生自主学习的衡量标准。要建立一个全面合理的评估机制,包括进行学习初期的水平测试、期中测试、监控进步过程、同学互评等;要对学生的学习过程和结果进行综合性的评估,并且帮助学生在自主学习的过程中进行自我评估。

## 第三节　影响大学英语教师自主的因素

教师自主的发展涉及多方面的因素,它不仅需要教师的自身努力,也需要一些外在因素的配合及支持。

### 一、教师自身的因素

教师自主的发展首先会受到自身因素的影响,包括教师的态度和社会交往能力。以自主为动力,以自主为凭借,教师就会自觉地、不断地在新的观念和自己的行为之间寻找结合点,并努力地使先进的教育理念浸润于自己的行为中。

(一)教师的态度

教师的态度包含教师是否具有自主发展的动机、情感和意志,是否据此产生了自主发展的行动,是否能够自觉地实现教育观念的更新、教育教学行动的创造。教师的态度与教师工作满意度之间存在显著正相关。如果教师的工作满意度越高,并且教师感觉到的工作负荷越低,那么教师自主性就越高。教师的优秀业绩得到奖励或报偿的程度,是教师工作满意度的一个重要来源,也是教师自主的一个预测源。教师的优秀业绩缺乏奖励报偿是

## 第七章　基于自主学习的大学英语教师

导致教师离职的一个原因。另外,教师自主对教师工作满意度也有着重要的影响,二者成正相关,教师越感到自主,他们的工作满意度就越高。另外,教师自我效能感是教师自主发展的重要内在动力机制。

### (二)教师的社会交往能力

教师自主发展的过程就是不断探究怎样最大限度地提高学习者自主学习能力的过程。教师是一个动态发展的社会参与者,因此在发展教师自主的过程中,教师有可能面临各种各样的桎梏,而挣脱这种桎梏的过程也就是将其转化为机遇的过程。教师在面临制度上的阻碍时,能够通过适当的途径将约束变为机遇。教师在社会环境中从事教学,应当具备一些协商的技巧以及一些制度上的常识。因此,教师在课堂之外应培养灵活处理外界干扰的能力。教师的自主性能够在教育机构内部和它以外的环境中通过协作支持以及网络得以加强。

## 二、行政方面的因素

### (一)学校或者相关机构对自主的认可

教师所在的教育机构需要认可自主性。对于教师和他所在的教育机构这两者而言,接受教师自主就是真正意义上的权力转移,即学校或者相关的机构下放更多的权力给教师,使他们在教学中拥有更大的自主权,而教师一旦获得了行政的支持,他们的自主性将得到更大程度的发挥和发展。当教师被给予了职业上的自主权利,他们便能够决定教学方法、评估标准以及课程内容的设计和安排。

### (二)学校教研制度

学校教研制度在培养教师自主方面所起的作用是不容忽视

的。教研制度的建立与实施应以教师为本,尊重教师的人格与权利。制度的建立是为教师在研究中更好地发挥创造性提供便利,而不是成为约束教师自主性的枷锁。管理者在建立制度的过程中,一方面要考虑教师的尊严、价值与需求,另一方面要请教师参与到教研制度建设中来,倾听教师提出的意见。只有这样,教师才会以高度的热情投身到教学研究中,在研究中尽情施展自己的才华与能力。如果教师在发展自主能力的过程中需要物质和精神上的帮助与支持,相应的机构应尽可能地提供。

(三)教师评价

教师评价是学校管理的重要环节,其根本目的是激励教师提高教育能力,帮助教师成长。因此教师评价也可以成为推动教师自主发展的正面因素。

## 第四节　大学英语教师自主的意义及实现方法

### 一、大学英语教师自主的意义

(一)丰富了教师心理学的理论体系

一直以来,教师心理发展都是教育心理学和发展心理学的研究课题,更是教师心理学的研究课题,而教师自主发展则丰富了教师心理研究。

教师自主需要把教师发展的动力从外在因素转向教师的内在因素,注重教师发展的内在激励作用。把教师视为自主的人是对教师心理内涵和教师角色的一次重新审视,是教师心理研究内容的一次新拓展,开辟了教师心理研究的新领域,有利于教师心理学理论体系的完善。

## 第七章　基于自主学习的大学英语教师

### (二)学生自主学习的前提

实际上,教师自主的主要目的是促进外语教学,同时也是更好地实施学生的自主学习。可以说,教师自主与自主学习理论相辅相成,教师自主是学生自主学习的前提。

利特(1995)曾经提到发展学习者自主性的"决定性因素是教学对话(pedagogical dialog)的本质。由于学习产生于互动,而互动的特点是相互依存,这样学生自主性发展的前提就是教师的自主发展"。

加德纳(Gardner)和米勒(Miller,1999)指出,学习者对于自主学习的态度受到四个方面的影响:教师、学习环境(学校)、学习同伴(同学)和社会,而教师最先将学习者引往自主学习的轨道。另外,埃利斯和辛克莱(Ellis&Sinclair,1987)指出,学习者需要在他人的帮助下意识到自己的学习风格,而教师在帮助学习者懂得如何学习的过程中起着举足轻重的作用。

学生的自主学习能力并不是与生俱来的,而是需要培养和提高的,这也在一定程度上突出了教师自主的重要性。教师自主的目的是为了更好地提高教学质量并且帮助学生培养自主学习的能力,因此许多学者认为,如果连教师自己都不知道自主学习是什么,那么也不可能有效培养学生的自主学习能力。

### (三)迎合了终身教育理念

教师的自我教育是对问题的自我发现、自我探究、自我解决的过程,是一个长期的自我提高的过程。信息化的现代社会,对教师和学生提出了新的挑战,对教育领域也提出了新的挑战。教师需要不断完善自己的知识结构,找到外在压力与自身发展的契合点,使自己成为自觉、高效的终身学习者和自我教育者,以最终达到自我实现。

教师自主意味着教师把自己当成一个有思想、有独立判断和决策能力的理性的人,把自己看作教学活动的反思者和研究者,以终身教育推动着教师生涯的前进,把自我的发展与职业的要求结合起来,使自我职业发展呈现出更强的主动性和自觉性。总之,教师自主迎合了终身教育的国际理念。

(四)代表国际教师教育的趋势

教师自主具体包括教师具备自主专业发展的能力和实行自主教学行为,因此教师应该重视自己的专业发展,这样教师才可能得到真正的发展。

现在,教师专业化已成为国际教师教育的努力方向。国际教师教育的模式经历了以下发展历程:"知识"模式,注重教师知识的获得;"能力"模式,注重教师教学技能的获得;"情感"模式,强调在教学中注重学生的情感因素;"建构论"模式,强调教师需要不断建构自己的知识体系;"反思"论模式,主张教师在反思教育理念与教学行为的基础上,不断自我调整、自我建构,从而获得持续的专业发展。可见,教师教育呈现出由重教师的知识、能力、人格到重视教师的自主性。显然,教师自主专业发展已成为国际教师教育的发展趋向。

## 二、大学英语教师自主的实现方法

由上述内容可知,大学英语教师的自主性无论是对学生的自主学习还是对自身的发展,都有着重要的意义。因此,教师需要通过不同的方法来培养自己的自主意识和自主能力。具体而言,教师可采用以下几种方法来提升自己的自主性。

(一)实施反思性教学

1.反思性教学的理论

反思性教学思想的渊源可以追溯到杜威(John Dewey)和肖恩等人对反思活动的论述。杜威将反思概括为一种特殊的思维

## 第七章　基于自主学习的大学英语教师

形式,认为反思起源于主体在活动情景过程中所产生的怀疑或困惑,是引发有目的的探究行为和解决情景问题的有效手段,教学活动本质上具有反思性质。肖恩则将反思分为"对行动的反思"和"在行动中反思"两种。在教学中,"对行动的反思"或发生在课前对课堂教学的思考和计划上,或发生在课后对课堂发生的一切的思考中。同样反思也可能发生在教学行动过程中,即"在行动中反思",在教学过程中,教师通常会有与情境的反思性对话,在教学时,教师常常会碰到出乎意料的反应和知觉,教师必须考虑这些反应以调整自己的教学。

(1)反思性思维与教学创新

反省思维为求知的最好方式,它是对任何信念或假定性知识根据其支持理由得出的进一步结论,进行积极、持续和细致的思考。因此,反思性思维与那种盲目顺从于传统和权威的常规思维有着根本的不同。

杜威关于反思性思维的理论为教学创新提供了依据,反思性教学使教师从单纯冲动和一成不变的行动中解脱出来,使教师的行动更加深思熟虑,具有预见性并按照目的去计划行动。教师在反思的过程中可以发现新问题,进一步激发创造力,在不断改进教学的过程中,把自己的教学实践提升到新的高度。教师在真实的教学情境中遇到困惑和疑问,产生真实的问题,激发研究动机,从而行动起来,收集资料和实地观察,设计解决问题的方法,通过真实的教学情境来验证想法,并积累教学经验,最终形成自己的教学理论,成为教师个人进行创新教学的基础。当然,教师通过教学反思来创新教学需要具有深厚的教育理论修养、广阔的教育前沿视野和敏感的教育问题意识。

(2)教师个人实践理论和反思性教学

美国学者唐纳德·肖恩提出了教师个人实践理论。他强调,两种理论控制着教师:第一是公共理论,第二是教师的个人实践理论。公共理论是指脱离产生主体,借助于语言、言语和文本等载体在公共领域得以传播且为某类群体或整个人类所共享的理性认识成果。个人实践理论是指尚未脱离产生主体,贮存于个人头脑中,为个人所享有并在个人教学实践中运用的理性认识成果。教师个人实践理论是一种隐藏在教师身上的个人有关课堂教学和生活经验的认知,又称为"行动中的知识、实践知识和教学隐喻"等。

公共理论转化为教师个人实践理论的最重要途径是反思性教学。教师是一个反思型实践者,教学实践在形成教师的个人实践理论方面起着重要作用。肖恩认为,教学实践应包括两种反思行为,一种是"对行动的反思",即课前与课堂教学的思考、计划和课后对课堂教学的反思;另一种是"行动中的反思",即教师在教学过程中对出乎意料的问题做出反应,并试图解决问题,对教学进行调整。两种反思行为相辅相成,促进教师个人实践理论的形成,推动教师专业持续发展。

当反思实践者发现行动的结果和目的存在差距,或者在实施行动计划遇到困难、出现问题时,反思型教师往往会对问题做出即时反应,试图解决问题,并在课后针对问题和问题的处理效果做出思考,对自己已有的知识和经验进行批判性反思。对于教学中出现的一些特殊的问题,反思型教师往往会在同事之间讨论解决办法,交流心得,对问题的思考和观察也会变得更加系统,甚至会把它作为课题进行长期研究,并把通过反思形成的研究成果放在真实的教学情境中检验,在这个过程中教师对问题的认识逐步深入。不断地对行动计划做出修改,以期能使行动结果和行动目标一致。这样在整个教学实践的过程中(行动前、行动后和行动中),教师的反思无处不在,而通过反思形成的个人实践理论反过来可以指导下一轮的教学行动。随着个人实践知识的积累,教师会意识到反思实践使生成的教学理论更加系统化,让它接受实践的检验,反过来可以指导自己的实践,提高教学质量,推动教师自身的专业素质发展不断走向成熟。

2.反思性教学的实践

实施反思性教学应当通过合理的教学反思来进行。合理的

## 第七章　基于自主学习的大学英语教师

教学反思始于对教学中的实际问题的探寻。教师应经常、系统地进行教学反思。实施反思性教学,成为一名成功的反思型教师,可采取的策略有实践反思、叙事反思、合作反思和资源反思。

(1) 实践反思

实践反思的主要方法是行动研究。教师行动研究是教师对自身当下思维与行为的监控与调节、协调与互动。行动研究是一个循环往复的探寻新问题、解决新问题的过程,从而进行教学探索。行动研究能够帮助教师在调节自身思维活动与行为活动的同时发现教育教学实践过程中的问题,并通过教学实践使问题得到顺利解决,使教师由纯粹的教育教学的实践者提升为教学理论的创造者与实践者。

(2) 叙事反思

叙事反思是教师通过内隐或外显的方式将所经历的教育事件与相关感受呈现出来,为他们今后的思考提供素材。教师可以采用想象叙事或内隐叙事,将自己头脑中的各种表象通过自己思维的加工而构成各种具有意义情节的事件,如对教学片断的回忆等;也可以采用口头叙事,通过口头言说的方式将自己内心的东西表达出来,如与同事交流反思心得等;还可以采用书面叙事,通过书面语言将自己所见、所闻、所经历的事件写出来,如教学日志、听课记录等。

(3) 合作反思

合作反思是外语教师反思性教学和专业化发展的重要途径,包括参与式观察和合作教学等方法。参与式观察(教学观摩)以教师相互听课为主要形式来观察和分析同事的教学活动。合作教学指两名以上的教师同时教一个班的学生。外语教学中的合作教学可以促进教师对教学进行反思,有利于教学合作和教师专业素质的培养,也有利于培养教师的团队精神。

(4) 资源反思

资源反思主要包括观看教学录像带和利用教师档案袋等方法。观看自己的教学录像可以使教师站在客观的角度考察自己的教学实践,它不仅能反映自己教学的优点和不足,也能把很多自己并未注意到的教学细节也呈现出来。教师档案袋是对所有关于学生学习和教师教学过程的记录,同时还有教师本人对这些事件的评论和解释。它为教师的反思提供了最直接的情境,可以帮助教师反思自己的教学过程,然后据此选择最合适的教学策略,促进教师自己的专业化发展。

总之,把反思性教学运用于英语教学实践,教师要把科研与教学有机地结合起来,采用以上四种策略改进自己的教学观念与方法,提高教学效率,不断提升自身的专业水平。

## (二)促进专业化发展

教师的自主还表现在不断提升自己的专业素质,具体包括职业道德素质、专业素质、科研能力以及实践能力等,从而促进自身的专业化发展。教师具体可通过以下几种方式来促进自身的专业化发展。

### 1.积极参与职业培训

职业培训就是以教师需要为出发点,以教师的任教需要为中心的教师培训方式。它对大学英语教师的专业发展有着巨大的作用,是促进教师提高教学能力的重要方式。

英语教师的职业培训不仅包括学术培训,还包括职业情感、专业技能以及实践创造性等方面的指导。有学者指出,知识的更新换代需要新技能的不断学习,教师职业培训的内容已由一般技能培训转变为专门技能培训,由此可以看出,培训的内容和形式在不断变化。职业培训不仅要帮助教师更深刻、灵活地理解学科知识,还要帮助他们理解学习者的言行,了解当前最新的课程资源和教学手段,掌握关于学习的知识,并培养教师有意识地对教学行为进行反思总结的技能。在传统教学模式下,教学是由课程决定的,教师包含在课程设计之内,是开展课程教学的实施者,因此教师的使命感与工作任务相比就不受重视,新时代的教师职业

## 第七章　基于自主学习的大学英语教师

培训把培养教师的职业使命感作为重要内容。檀传宝认为,教师的职业信仰和使命感与专业技能相比更为重要,职业技能以外的职业品质和道德品质更能体现一位教师的综合素质。职业培训要将职前培训和职后培训有机结合,使教师教育贯穿教师职业生涯的全过程,在一般和专门培训之外,增加职业情感和教育信仰的陶冶,目标明确,全面提高英语教师的素质。

*2.主动加入科研小组*

所谓科研小组,就是同学校、同年级的英语教师组成小组进行教学研究的一种形式。科研小组定期举行,以最近教学实践中遇到的问题或某一新型教学方法、教学技能为议点,这些议点可以是共性的也可以是个性的,根据所讨论的问题决定研究方向并确定研究题目,共同制订解决方案,分配研究任务,各尽其责实施研究方案,在合作中求得共同发展和提高。也可以为某一种教学策略进行演练,分析其实际运用的可能性,演练后大家共同讨论,提出修改意见,以达到更好、更完善的目的。

在具体的教学过程中,大学英语教师应与科研相结合,在教学中启发学生的创新意识,开创一条符合学生特点的科研之路,并将科研成果运用到课堂教学中,用理论指导实践,在实践中升华理论,使理论更加系统化。

*3.定期参加学术会议*

学术会议的参加对提高大学英语教师的专业能力意义重大。与英语教学和科学研究有关的学术会议为英语教师间沟通交流、共同发展提供了平台。世界各地的英语学者汇集于学术会议,广泛学习各种知识,自由交流研究成果,各抒己见、百家争鸣。在陈述或发言的过程中,英语教师可以丰富专业知识,提高教学能力。此外,学术会议上资源丰富,形式多样,如电子会议、视频会议、专题讨论小组、电子公告板、电子论坛等,使英语教师获得学术信息的途径更加迅速和便捷。因此,经常参加学术交流,不仅可以加深教师自己对理论的理解,而且还会明确学科发展的方向。

4.出国完成学术深造

随着信息全球化和教育国际化的发展,加上各国政治经济方面的合作,出国交流的政策不断放宽,手续越来越简便,对于英语教师来说,出国进行学术深造已不是一件难事。同时,学校的财政资助也是对教师学术深造的激励,对教师长期发展意义重大。

近年来,国内各学校纷纷采取学校、院系或个人共同出资的办法送教师出国进修,英语教师参加各类培训或出席国内外学术会议的机会也越来越多。学术深造有利于英语教师在进一步提高自身专业知识的同时涉猎新的学科,开辟新的研究专业和领域,拓宽研究视野,更新教学理念,提升学术水平和教学科研能力。

5.坚持终身学习

随着社会的快速发展,大学英语教师要进一步确立终身学习的理念,不断加强学习,丰富自己的专业知识,不断提高教学能力和专业水平。教师树立终身学习意识的原因如下所述。

(1)各地学校连续扩招,英语教师的人数逐渐不能满足社会需求,教与学的矛盾渐渐显现。

(2)英语师资短缺加之新课程改革对教学要求的提高使高校英语教师所承担的教学任务十分繁重,严重影响了英语的教学效果。

(3)经验丰富的资深老教师纷纷从教学一线退出,无力承担过多的教学任务,而刚刚步入工作岗位的年轻英语教师又因缺少严格的培训和教学经验,阻碍了整体教师队伍质量的提高。

综上可知,大学英语教师在承担教学任务的同时应加强学习,积极开展学术科研工作,提升自身能力,进而更好地为教学和学生服务。

# 第八章 基于自主学习的大学英语教学评估

教学评估是任何教学中必不可少的一部分,这对于大学英语教学也不例外。随着自主学习模式的引入,促使大学英语教学评估形式也发生了改变。因此,本章就基于自主学习来探讨大学英语教学评估。

## 第一节 大学英语教学评估概述

对于整个教育系统而言,教学评估是其中重要的组成部分。教学评估主要衡量的是教师的教学效果与学生的学习情况。要想了解教学评估,首先需要弄清教学评估的基础知识。

### 一、什么是教学评估

要想知道什么是教学评估,首先需要弄清什么是"评估"。评估这一概念是由泰勒(Tyler)提出的。对于评估的定义,不同的学者观点不同。但不得不说,从评估的定义被提出之日起,学者们就提出了评估和测试的区别。在很多学者眼中,评估是人类认知活动中的一部分,并且是非常特殊的部分,它能够揭示出整个世界的价值,并对其进行创造与构建。

将评估的理念运用到教学中就形成了教学评估。对于教学评估,通过总结中外学者的观点,大体可以归结为四点:教学评估等同于教学测验；教学评估等同于专业判断；教学评估是一种将实际表现与理想目标进行比较的历程；教学评估是一种有系统性地去搜寻资料，以便帮助使用者恰当地选择可行途径的历程。

对于这四点，并不是说每一个观点都是完全正确的，其中也存在着不足和缺陷。具体而言，可以分析如下。

（1）将教学评估与教学测验等同，这是当前学者在教学测验的辅助下做出的认知。但是，教学评估与测验在本质上存在差异，因此将二者进行等同是错误的、片面的。这缘于两个层面的因素：一是教学测验主要将数量统计作为重点，侧重于数量化，而如果有些教学事实不能做数量统计，那就不能称为教学测验，这恰恰违背了教学评估的定义。也就是说，教学评估不仅涉及数量分析，也涉及对事物性质的确定。第二，教学实验将对教学现状的描写作为重点，目的是获得可观成效，而相比之下，教学评估将对教学情况的解释与评判作为重点。

（2）将教学评估与专业判断等同，这是考虑到评估人员的主观性这一因素，认为教学评估的目的在于分清好与坏。但是，这一观点也是错误的、片面的，因为教学评估不仅是为了分清楚好与坏，还是为了找寻恰当的因素，对评估进行指导。

（3）教学评估是一种将实际表现与理想目标进行比较的历程。这一观点与前面两种观点相比，合理性更高一些。持这一观点的学者指出，教学评估内容、评估方法是对现实与预期的比较。但是，这一观点对于教学效果的评估过分侧重，未考虑教学过程。因此，这一评估观点较为宽泛，让测评者很难把控评估内容的主次，因此也不可取。

（4）教学评估是一种有系统性地去搜寻资料，以便帮助使用者恰当地选择可行途径的历程，这一观点也有利有弊。说其具有优点，是在于这一观点强调了教学评估在决策层面的作用。说其具有弊端，是因为这一观点很容易让人产生教学评估等同于教学研究的观念。实际上，教学评估与教学研究存在着差异，即研究目的与侧重的价值不同。在研究目的上，教学研究是为了获得结

## 第八章 基于自主学习的大学英语教学评估

论,而教学评估是为了指导实践;在侧重价值上,教学研究是为了获取真知,而教学评估是为了获得价值。

显然,上述观点都有利有弊。笔者从这些观点中选取合理成分,对教学评估进行了界定,认为教学评估是基于教学这一对象,从教学规律、教学目的、教学原则出发,运用可行的技术和手段来解释教学对象与目标的价值判断过程。[①]

## 二、大学英语教学评估的类型

根据不同的划分标准,教学评估的类型也不同。根据评估的主体,教学评估可以分为自我评估与他人评估。根据评估的分析技巧,教学评估可以分为定性评估与定量评估。根据评估的基准,教学评估可以分为绝对评估与相对评估。根据评估的功能,教学评估可以分为诊断性评估、总结性评估与形成性评估。

到目前为止,根据评估功能所进行的划分最具有说服力。因此,本书也从这一观点入手,对大学英语教学评估的分类进行详细说明。

(一)诊断性评估

诊断性评估是为了满足学生的需要,教师在课程开始之前对学生展开的情感、认知、技能层面的评估。[②]

诊断性评估的目的是在对学生的基础知识、基本能力有所了解的基础上,为教学提供必备资料,从而对学生的真实情况和问题进行诊断,以便为解决问题做好准备。

诊断性评估是在教学开展之前进行,这主要是为了测试学生的基本语言能力,并通过测试的结果,对学生分门别类进行安置。有时候,诊断性评估也可以在教学中进行,目的是检测学生的学习问题和程度,确定阻碍学生某方面提升的因素。

---

① 滕星. 教学评估若干理论问题探究[J]. 民族教育研究,1991,(2):81.
② 林新事. 英语课程与教学研究[M]. 杭州:浙江大学出版社,2008:219.

诊断性评估具有如下几个方面的作用：
(1)对学生的学习准备程度进行监测。
(2)对学生进行安置。
(3)对学生产生学习困难的原因有所了解和辨别。

## (二)总结性评估

总结性评估又称为"终结性评估""结果性评估"，是在某一阶段或者某一学期结束之后进行的评估。一般来说，总结性评估具备三大特点。

第一，就目标而言，总结性评估主要评估的是某一时期或某一阶段的教学情况，往往需要通过成绩来展现，从而为学生的下一步学习做铺垫。

第二，就内容分量而言，总结性评估主要评估的是学生在某一时期或某一阶段对课堂内容的掌握情况，因此比较全面，分量较大。

第三，就评估内容而言，总结性评估具有较高的概括性，内容往往是知识、技能等的结合。

总结性评估在教学过程中的作用主要如下：
(1)对学生的成绩进行评定。
(2)为学生提供下一阶段学习的反馈。
(3)证明学生某一阶段或某一时期的语言水平。
(3)预测学生以后成功的可能性。

在总结性评估中，测试是最常见的手段。下面重点对测试进行分析和探讨。

1.测试的概念

测试(test)又被称作"测验"。美国著名心理学家安妮·安娜斯塔西(Anne Anastasi)认为，测试其实是对行为样本进行的标准的、客观的测量。这一界定被认作是最权威、公正的。就这一定义而言，测试主要涉及三个要素。

## 第八章　基于自主学习的大学英语教学评估

（1）行为样本。所谓行为样本，指的是对语言能力表现行为进行的有效的抽取样本活动。在测试中，受试者往往比较广泛，加之每个受试者也有着自身的特点，所具有的语言能力也不尽相同。因此，测试无法涵盖受试者的全部表现，只能选择代表性强的样本进行测试，从而以这一检测作为依据，对受试者的语言能力进行评估与推测。

（2）客观的测量。所谓客观的测量，主要是对测量标准的强调，即标准是否与实际相符。要想评定某一项测试是否具有客观性，可以考虑如下几点：

测试结果的有效性如何？

测试结果的可靠性程度如何？

测试题目的难易度和区分度如何？

这三个指标是对一项测试质量是否过关的重要衡量因素。

（3）标准化的测量。所谓标准化的测量，指的是测试的展开、题目的编制、对分数的解析等要按照一套严密的程序展开。只有进行了标准化测量，才能保证受试者的测试结果更具有有效性与真实性。

2.测试的手段

根据不同的标准，英语测试的形式也有所不同，具体而言可以划分为如下几种：

（1）按照学习阶段划分

按照不同的学习阶段，学习测试可以划分为如下四种，这是从一个学期来说的。

第一，编班测试。编班测试主要是为分班做准备的，是从学生入学考量的。通过进行编班测试，教师可以对学生的语言掌握情况加以了解，从而有助于教材的选择与安排。编班测试还会从学生的水平出发，将程度相似的学生编制在一起，进行统一化的指导，从而实现真正的因材施教。由于编班测试对于学生的差异性要求明显,因此在题型设计时应保证连贯与全面。① 在编班测试过程中可以采用应用语言学中的调查法和比较法,从而提高编班的科学度。

第二,随堂测试。随堂测试是指学生经过一段时间的学习后,对学生进行的小测试。这一测试一般时间短、分量少,形式多样。一般情况下,随堂测试的形式很多,如听写、翻译、拼写等。在题目设计时,应该保证适宜的难度。通过随堂测试,教师可以了解学生每节课的学习程度和语言使用情况,为日后教学改进打下良好的基础。

第三,期中测试。期中测试除了可以将教学大纲的要求体现出来,还会基于随堂测试形成一定的系统。在进行期中考试时,教师往往会组织学生复习或者让学生自己复习,之后让学生参加统一考试。期中考试不仅让学生产生紧张感与阶段感,还能激发他们的独立思考兴趣,对知识形成一定的系统。

第四,期末测试。与以上三种相比,期末测试具有广泛的应用价值,也具有较长的时间跨度。一般来说,期末测试的目的如下:对学生某一时期的学习效果进行评估;促进学生系统地巩固知识,为下一学期的安排做准备。期末测试的题型应该从教学大纲出发,将本学期学生的学习内容反映出来,但是也不能完全照搬教科书,应该具有灵活性,从而更深刻地检测学生的学习情况。

(2)按照测试的用途划分

根据测试的用途,可以将测试划分为如下几种:

第一,潜能测试。潜能测试主要用于评估学生的潜能或者语言学习天赋。潜能测试不是根据教学大纲来设定的,对学生掌握知识的多少也不在意,而是测试学生的发现与鉴别能力,可能是学生从未接触的东西。功能语言学在研究过程中主张使用预测法来了解语言运用情况。潜能测试是为了更好地发现学生的学习潜能,因此可以在应用语言学研究方法的基础上提升潜能测试

---

① 崔刚,孔宪遂.英语教学十六讲[M].北京:清华大学出版社,2009:309.

## 第八章　基于自主学习的大学英语教学评估

的科学性。

第二,成绩测试。成绩测试主要是对学生所学知识的考查,通常包含上面所说的随堂测试、期中测试与期末测试。这都是从教学大纲出发来设定的。一般来说,大学英语四、六级考试也属于成绩测试,因为这也是从教学大纲出发设定的。但是,大学四、六级考试也属于后面所说的水平测试。[1]

第三,诊断测试。诊断测试主要是对学生语言能力与教学目标差距之间的确定,从而便于从学生的需求出发来设计题型。[2]诊断测试主要是课程展开一段时间后对学生进行的一定范围的测定。通过评估学生这段时间的表现,确定是否学到了应有的知识,进而发现教学中的问题,改进教学,力图做到因材施教。功能语言学带有综合性,这种综合性和诊断测试有一定的联系。诊断测试通过对学生的学习情况进行分析,可以综合了解到学生的语言学习情况和使用情况,便于日后教学的改进。

第四,水平测试。水平测试主要是对学生语言能力的测试,即主要测试学生是否获得了语言能力,达到语言教学的水平,决定学生是否可以胜任某项任务。水平测试与过去的教学内容与学习方式并没有直接的关联性。

(3)按照评分的方式划分

按照评分方式的不同,测试可以划分为如下两种。

第一,主观性测试。主观性测试的题型有很多,如翻译题、简述题、口试等,设计也非常容易,学生可以自由陈述自己的观点与想法,这是对学生语言运用能力的考查。

第二,客观性测试。客观性语言测试的题型较为单一、固定,主要有判断正误、选择、完形填空、阅读理解等。学生只需要在相应位置写出答案即可,存在猜测的成分,因此很难测量出真正的语言能力。

---

[1] 刘润清,韩宝成.语言测试和它的方法(第2版)[M].北京:外语教学与研究出版社,1991:11.

[2] 武尊民.英语测试的理论与实践[M].北京:外语教学与研究出版社,2002:31.

## (三)形成性评估

1967年,斯克里文(G.F.Scriven)第一次提出"形成性评估"这个术语,后来很多学者对其进行了扩展和补充。

形成性评估又称为"过程性评估",指的是在教学过程中,对教师的教和学生的学进行的评估,从而了解教师的教学过程与学生的学习过程中存在的问题,评估教师的教学行为与学生的学习能力。

对于教学过程而言,形成性评估非常重要,是一个持续性的评估。其涉及的内容也非常广泛,如评估学习行为、评估情感态度、评估学习心理、评估参与情况等。形成性评估能够对教学效果与学习情况有及时的了解,便于对教与学进行反馈。

形成性评估的目的是对学生的学习情况进行改进,而不是对学生的成绩进行评定。与总结性评估相比,形成性评估的频率很高,但是每次评估的内容并不是很多,可能是就某一单元的评估,也可能是对某一课题的评估。另外,形成性评估具有较低的概括水平,因为其涉及的范围比较小。

形成性评估的作用有如下几点:

第一,为教师提供反馈信息,通过评估,教师可以获得教学反馈,从而更好地指导教学实践。

第二,对学生的学习起点进行确定,尤其是确定学生对内容的掌握情况,从而为下一阶段学习确立起点。

第三,强化学生的学习。

第四,对学生的学习进行改进,因为行程性评估反映出学生在学习中的问题和缺陷,因此教师可以根据这一情况对学生进行指导和纠正,从而改进学生的学习。

## 三、大学英语教学评估的内容

教学评估的内容主要有五种:对教师的评估、对学生的评估、

# 第八章　基于自主学习的大学英语教学评估

对课程的评估、对教学过程的评估以及对教学管理的评估。下面就来具体分析这几种评估。

(一)教师层面

在教学过程中,教师处于主导地位,教师素质的高低对于教学效果、学生成长意义巨大。因此,评估教师素质与能力显得尤为重要。具体来说,对教师的评估主要包含如下几点。

(1)对教师工作素质的评估,包含教学质量、教学成果、教学研究、教学经验等。

(2)对教师能力素质的评估,包括独立进行教学活动的能力、独立完成教学工作量的能力等。

(3)对教师政治素质的评估,包含工作态度、遵纪守法、为人师表、教书育人、政治理论水平、参与民主管理、良好的文明行为、坚持四项基本原则等。

(4)对教师可持续发展素质的评估,包含教师发展的潜能、自觉求发展的能力、接受新方法与新理论的能力、本身的自学能力等。

(二)学生层面

学生是英语教学的中心,同时也是教学的主体。对学生进行评估是英语教学评估的主要内容。

只有通过评估,教师可以对学生有充分的了解与把握,才能为社会培养出更优秀的人才,这要求教师对教学进度不断进行调整。具体而言,学生评估涉及如下三种:

(1)学业评估。学业评估是从学科课程的目标与内容出发,对学生个体、群体进行的成果式评估。学业评估具有促进性、补救性与协调性。其一般以测量作为基础,对学生个体的学习进展情况加以反映,最后做出推断。

(2)学力评估。学力与发展观、人类观、学校观等有着密不可分的关系,受时代的影响,教育与学校的要求越来越高,这就导致学力也在发生改变,产生不同的学力观。就整体而言,人们对学力的认知有两大方向:一是强调学力是对技能与知识的掌握而形成的能力,二是强调学力是教学的结果,是后天形成的。因此,可以将学力定义为:学生在学业上所获取的结果。而学力评估可以对学生的学习能力、个体差异进行甄别,从而使不同层次的学生完成自己的学习目标。

(3)学生的品德与人格评估。这也是非常重要的,在英语教学中,对学生品德与人格的评估侧重于教学内容的思想性与科学性。

(三)课程层面

合理、科学的课程设置对于提升教与学的质量非常有帮助,因此教学评估也需要对课程进行评估。课程评估主要是对课程价值、课程功能的评估,但是为了更好地开展课程评估,需要考虑和了解如下三种模式:

(1)行为目标评估模式,是由学者泰勒提出的。这一模式的中心在于确定目标,从而在此基础上组织教学评估。泰勒认为,既定目标决定着教学活动的开展,而教学评估也是判定的实际教学活动,从而根据反馈对教学进行改进,使教学效果与既定目标相接近。

(2)决策导向评估模式,又可以成为"CIPP 模式",是由著名学者斯塔弗尔比姆(Stufflebeam)提出的。这一模式的中心在于决策,是将背景知识、输入、过程、结果结合起来的一种评估模式。

(3)目标游离评估模式,又可以称为"无目标模式",是由学者斯克里文(Scriven)提出的。斯克里文批判了泰勒的评估模式,并指出为了将评估中的主观因素降低,因此不能在设计方案时明确将活动目的告诉评估者,这样评估的结果就不会受到预定目标的制约。

(四)教学过程层面

在大学英语教学中,大多数评估对于教学效果都非常侧重,

## 第八章　基于自主学习的大学英语教学评估

即学生的实际成绩。但是,大多数评估都忽视了教学的过程。因此,一些学者开始对形成性评估进行研究,并从中衍生出了对教学过程的评估这一新的评估形式。

一般情况下,对教学过程的评估可以从两个角度分析:一是对教学过程进行系统性的评估;二是对教学过程中各个环节进行评估。

(1)对教学过程进行系统性评估。对教学过程进行系统性评估是指以某一节课作为教学内容或目标,对课堂开始前、课堂之中、课堂后练习进行系统和整体的评估。

(2)教学过程中的各个环节进行评估。对教学过程中各个环节进行评估主要是对课堂之前的学习、课堂教学、课后的练习进行观测与评估。这样做的目的是为了引导教师关注和把握教学的各个环节,将各个环节视作重点。

### (五)教学管理层面

除了对教师、学生、课程设置、教学过程进行评估之外,对教学管理进行评估也是教学评估的一项重要内容,很多教学评估都忽视了这一点。

所谓教学管理,是指将教学规律、教学特点作为依据,对教学工作进行组织和安排。对教学管理进行评估是对教学过程与结果的评估。通过这一评估方式,评估者可以挖掘出教学管理中的问题,并对其进行改进。在进行教学管理评估时,需要注意两个问题:

第一,对教学管理进行评估时,需要注意评估的内容不仅包含对课堂的管理,还包含对学校的管理等。

第二,对教学管理进行评估时,需要注意评估指标的合理性与科学性,即需要将教学规章、教学计划、教学步骤、教学检查等囊括进去。

## 四、大学英语教学评估的原则

在大学英语教学评估中,坚持一定的评估原则有助于更好地指导教学评估实践工作。只有根据这些评估原则，教师才能制订合理的评估方法和手段，才能真正做到与教学评估规律的结合。

（一）参与性原则

学习者是学习活动的主体，也是测试的主体，因此学习者要参与到语言测试的设计和制订中。学习者参与的方式能有效提高语言测试的真实性和有效性，同时提高英语学习的热情，在参与的同时加强对自身英语学习过程的反思和总结，更有针对性地加强薄弱环节的训练，实现各方面综合发展。

（二）多样化原则

语言测试不该是单一形式的，而应是多样的，对学习者在学习过程中的各种表现，以及语言能力中的各种指标做到全面、真实的考察。教师可以根据不同的测试目的、作用选择不同的测试方式，可以是主观性测试，也可以是客观性测试，可以是诊断性测试，也可以是成绩测试。

（三）发展性原则

语言测试的最终结果并不能全部反映学习者在某一学习阶段的状态，语言测试的数据受多种因素的影响。发展性原则要求语言测试还要关注学习者在平时的教学活动中表现出来的学习热情、学习态度、活跃态度、交际能力等，学习者的学习过程和学业上的进步同等重要。

（四）效率性原则

注重效率是大学英语教学评估应当遵循的一个重要原则。影响大学英语教学评估顺利有效进行的因素主要有教学活动的设置、学生的配合、评估的方式等。

首先，课堂教学活动具有一定的目标，每一个教学环节都应围绕着课堂教学目标而进行。

## 第八章　基于自主学习的大学英语教学评估

其次,评估的整个过程都需要让学生理解,如让学生理解所采用评估方法的作用和操作方式。要让他们看到教学评估给他们的学习带来的切实效益。只有让学生看到评估的实际效用,他们才会积极主动地配合。

再次,监控教学评估所采用的方法。这有利于方法的调整和具体操作,从而保证教学评估的作用充分发挥出来。

最后,教学评估要以学生自评为主,推动他们成为自主学习者;通过自评,学生可以从学习目标完成的情况中发现自身存在的问题。

### (五)目的性原则

大学英语教学评估并不是盲目进行的,而是有一定的目的。没有了目的性,大学英语教学评估也就从根本上失去了存在的意义。

学生应对教学评估的诸多方面有所了解,如教学评估的重要性、各种评估方式的操作和作用等。

教师对于各种评估方法的目的和其预期的效果都应有所了解,不同评估方式的预期目标不同,适用的范围也不同,只有这样教师才能在诸多评估方式中做出正确的选择。

此外,教师在选择时还应结合自己班级和课堂的具体情况,并且注意各项方法技巧的作用。

## 第二节　开展大学英语教学评估的意义

德国著名作家约翰·保罗(John Paul)曾说:"一个人真正伟大之处,就在于他能够认识自己。"这句话的意思是说,如果一个人能够正确地、全面地评估自己,那么就能够扬长避短,更好地完善自己,这就是自我评估的意义。具体而言,其表现为如下几点。

## 一、有助于提高英语自主学习的兴趣

学者塔拉斯(Taras)等人的研究表明,自我评估有助于提升学生自主学习的积极性。具体来说,自我评估可以为学生的英语自主学习提供信息,通过自我评估,学生可以发现自己的优缺点,从而真正地了解自身的英语学习情况。在英语学习中,学生的角色也从被动的接受者转变成主动的学习者。同时,英语学习的目的也从对考试的机械应付转变成自身交际能力的提升。

## 二、有助于淡化传统评估的消极作用

自我评估有助于淡化传统评估手段的消极作用。例如,在传统的英语写作教学评估中,学生获取的反馈信息往往是教师指出的词汇、语法错误,并且呈现的方式为成绩,因此学生也只会关注这些词汇错误与语法错误,对于其他错误忽略不计。但是,一篇好的文章不仅需要词汇、语法知识,还需要语篇知识、写作规范等,这些是写作的重要构成成分,忽略任何一项都不能保证写作的完美。另外,在传统的评估手段中,教师的反馈与学生期望之间存在着较大差距。自我评估可以为学习者提供全面的信息,尤其是语言能力较低的一些学生会受到低分数的挫败感,然而在自我评估中,低分者可以看到自己的优点从而受到鼓励。[1]

## 三、有助于教师提高教学效果

一方面,通过自我评估,教师可以对学生在英语学习中需要改进的地方、学生存在的问题有清楚的了解,从而给予学生有针对性的指导。另一方面,如果自我评估能够被应用于英语学习

---

[1] 柴小莉. 培训对中国大学生英语写作自我评估能力的影响[D]. 兰州:兰州大学,2011:5.

中,就能一定程度上减轻学生的学习负担,从而让他们将更多的时间集中于下一步的学习上。

## 第三节 大学英语自主学习能力评估的方法

教学评估直接影响到学生自主学习的学习动机和学习态度。传统评估方法存在很多弊端,不能有效地激发学生学习的积极性和保持学习的持久性。因此,一些新型评估方式——自我评估、同伴评估、网络多媒体评估逐渐引起人们的重视。

### 一、自我评估法

江庆心(2006)认为:"对学习过程和学习效果进行有效的自主检测与评估,是学习者适时调整其自主学习各环节的必要前提,是提高自主学习效果的必要手段。"当然,自我评估并不意味着教师作用的减少,相反,在自主学习的过程中学生更需要教师的指导和鼓励,教师需要积极参与到学生的学习过程,尊重学生的学习需求与个性,适时地给予学生激励,注重培养学生的自主学习能力。总之,通过实现教、学、评三者的有机结合,培养学生的自我评估能力和自我反思能力,进而提高学生的自主学习能力,帮助学生成长为善于学习的终身学习者,体现素质教育的要求。

(一)什么是自我评估

自我评估(self-assessment)的概念是随着以学习者为中心的教学理念的发展而提出的。同时,它为自主学习者提供了学习成果的反馈,因而是自主学习中必不可少的一部分。自我评估是指学习者参与到对自己学习及其过程的判断、评估和监控中来,尤其是对自身学习成就和学习结果的判断和评估。

## 基于自主学习的大学英语教学理论与改革研究

自我评估要求学生定期回顾自己的学习策略、学习材料和学习成果来检验自己的学习进度。根据反馈信息,学习者对自己的学习过程做出调整并继续下一阶段的学习。当学习者知道自己要达到的学习目标和目前的学习状况之间的差距时,他们会更加明确自己努力的目标,从而会变得更加自主和自律。

自我评估的应用并不只限于自主学习中,亨利·霍莱克(Henry Holec,1980)认为,自我评估是语言学习中必不可少的一部分。它在整个评估过程中占有重要的地位,并且可以贯穿到日常的英语学习活动中。教师和学生在教学中通过扮演不同的角色共同担负起评估语言学习任务的责任。学生自己决定评估的内容、时间和方式,并根据评估的结果对目前的学习状况做出调整。教师将把重心放在培养学生独立学习的意识上,在学生的自我评估中提供帮助并给予学生必要的心理安慰。这就对教师的内在素质提出了较高要求。

奥斯卡松(Oscarson,2002)比较详细地列出了自我评估的优点。[①]

(1)促进学习。

(2)提高学生的自我意识程度。

(3)使学生更了解自己学习目的。

(4)扩大测试的范围。

(5)减轻教师的负担。

(6)有利于学生课后的自我学习。

阿法里(AlFally,2004)认为这种学生参与评估自己或同学学习能力的方式使学习环境更具挑战性、学习气氛更活跃,使课堂更加以学习者为中心。[②]

哈里斯(Harris,1997)指出,自我评估既有助于调动学习者的主动性,充分把握自己的学习任务,又有助于学习者了解自己的

---

[①] 转引自刘建达. 学生英文写作能力的自我评估[J]. 现代外语,2002,(3):241-249.

[②] AlFally, I. The role of some selected psychological and personality traits of the rater in the accuracy of self-and peer-assessment [J]. System, 2004,(3):407-425.

## 第八章 基于自主学习的大学英语教学评估

优势,思考自己的学习,有序思维,争取好的成绩。自我评估有助于学生的发展和自主学习能力的培养。

(二)自我评估的研究

最近几年,学习者自我评估在外语教学领域中受到了越来越多的关注。有学者对以往的研究做了一个全面的总结。他们从36种不同的期刊中选取了48个自我评估研究,并把这些研究分为三种类型,即概念性研究、定量研究和定性研究。下面介绍两种影响较大的研究。

1.自我评估效度和信度的研究

在有关自我评估的研究中,大部分研究都侧重自我评估应用的效度和信度,然而研究结果却不尽相同。其中,一些研究结果表明自我评估的结果与其他语言水平测试结果的相关性很高,并认为学习者自我评估有较高的效度和信度。

根据冯·埃里克(Von Elek,1985)对以瑞典语为第二语言的学习者自我评估过程的描述得出,学习者可以正确地判断自己的语言能力,主要包括:词汇、语法、听力理解、阅读理解、口语水平和写作水平。学生在自我评估的过程中并没有感到如同在正式测试中的紧张感,并认为自我评估可以成为一种帮助性的教学方法。

斯特凡尼(Stefani)在1994年的一项研究结果表明:学生自我评估和教师评估之间的相关系数为0.930。此项研究还发现:几乎所有的学生(研究生一年级)都对自我评估产生了很高的兴趣。他们认为,与传统的评估方法相比较,在自我评估中他们可以学到更多的知识并能进行更多的思考。

在国内也有一些学者调查了自我评估的信度与效度。

楼荷英(2005)将自我评估和同辈评估应用于中国非英语专业大学生的口语评估中。她要求每个学生首先在同学面前做六分钟的口语陈述。陈述之后,同学之间进行小组讨论提供同辈评估,同时陈述者做出自我评估。口语陈述活动有三个不同的话题,持续了三个周期,每个周期为三个星期。研究结果显示尽管同辈评估的效度高于自我评估,自我评估仍然与教师评估有较高的相关性。此研究的一个重要发现是通过自我评估学生的口语表达能力有了一定的提高,因为学生增进了对语言学习的元认知知识。

刘晓玲和阳志清(2006)将自我评估应用于日常的语言教学活动中,在一个学期的学习和练习之后,有90%的学生都能够成为自己语言能力有效的评估者。在学期结束后,学生的语言水平有了较大的提高,学生对英语学习的信心和兴趣也随之增加。

### 2.自我评估效度和信度影响因素的研究

布兰奇和梅里诺(Blanche & Merino,1989)总结了五个影响自我评估效度和信度的因素:学生的语言能力、评估衡量的标准、学习者的主观因素、自我评估培训以及学习者的文化背景。下面主要介绍与这些因素相关的研究。

(1)语言水平能力

一般来说,语言水平较高的学习者会低估他们的语言能力,而低水平的语言学习者会高估他们的语言能力。

根据欧斯蒙德等人(Orsmond et al.,1997)的研究,86%的学生自我评估与教师评估之间存在差异性,其中56%的学生给自己的语言评分过高,30%的学生给自己的评分较低。同时表现出高水平者低估自己语言能力和低水平者高估自己语言能力的趋势。

海伦曼(Heilenman,1990)通过问卷调查和语言水平测试也证明了一年级的学生会高估自己的语言能力。研究结果表明没有经验的学生更倾向于高估。为了解释这一现象,研究者确定了回应效果(response effects)在其中所起的作用。

刘建达(2002)调查了中国大学生英语写作自我评估的效度。他总结道:自我评估效度受到其自身英语水平的影响。低水平的

## 第八章 基于自主学习的大学英语教学评估

学生在某种程度上可以正确评估自己的语言能力,但倾向于高估;而高水平的学生在语言使用这一方面并不能够对自己的写作能力做出正确的评估。

徐锦芬(2007)通过自我评估问卷调查和阅读理解测试题调查了中国大学生阅读自我评估能力。其结果与许多研究结果达成了一致:显示了因为语言水平而造成的低估与高估的趋势。

除此之外,问卷调查与阅读理解测试题之最高的相关系数表现在具体的阅读任务上,这也与皮尔斯等人(Peirce et al.)的研究结果相一致。在他们的项目中,他们发现自我评估的任务越具体,自我评估与水平测试之间的相关系数就越高。

(2)不同的语言技能和评估的衡量标准

不同的语言技能也会影响自我评估效度和信度的程度。奥斯卡尔松(1984)发现自我评估技能会随着接受性语言技能(听和读)与产出性语言技能(说和写)发生变化。相对而言,学习者的自我评估在说和写方面会更准确些。

罗斯(Ross,1998)使用元分析方法分析了在二语测试中报告的60项相关分析,结果显示:四项基本技能中,学生能够对自己的阅读技能做出最正确的评估,接下来是听力技能。这主要是因为在外语学习情景中,教师教给学生的第一项语言技能是阅读,而且学生对阅读材料的接触也最多,所以学生在使用语言阅读技能方面更有经验。

皮尔斯等人(1993)认为,自我评估调查问卷里的信息描述越详细,自我评估与某一语言技能水平测试之间的相关度就会越高。

斯特朗·克拉斯(Strong-Krause,2000)也指出问卷调查设计得越详细就越有利于学习者进行自我评估。

(3)同辈反馈

帕特里(Patri,2002)调查了同辈反馈对英语口语技能自我评估和同辈评估的影响。受试者是具有中国文化背景的香港城市大学的学生。在学生通过调查问卷评估他们自己和同辈的口语能力之前,先进行了小组讨论以获得同辈反馈。结果证明,同辈反馈的确对同辈评估的正确性有积极的影响,然而对自我评估却不起作用。帕特里建议,为了保证自我评估和同辈评估的有效性,学生应该进行评估培训。

(4)心理和个性特征

阿法里(2004)调查了一些评分者的心理和个性特征在自我评估和同辈评估的准确性中扮演的角色。研究者选择的心理和个性特征有:学习动机类型、学习者自尊、焦虑和动机强度。受试首先填写了四份调查问卷,这些问卷分别调查了受试的心理和个性特征。他们的语言水平则取决于第一学期的考试成绩。在实验的过程中,受试既评估了自己的语言能力也评估了同辈的语言能力。研究结果显示:自我评估和同辈评估的准确性或多或少会受到心理和个性特征的影响。

(三)自我评估的必要性与意义

自我评估能够帮助学习者进一步认识"人如何学习语言"。作为一种深层的认知活动,自我评估是学习者对自己的学习过程的自我监控,是学习者为有效组织和安排学习活动而采取策略性行为的知识和能力,以及在具体学习过程中使用策略的具体做法。自我评估对培养学习者的自主学习能力极其重要。下面就对自我评估的必要性和意义进行分析。

1.自我评估的必要性

(1)提高英语自主学习能力的需要

班森(Benson,2001)认为每名学习者都有自主性,因其特征不同,自主性表现方式、自主性程度不同。缺乏自主性的学习者只要给予恰当条件和充分准备,其自主性便可以得到培养,而学习者自主性培养的主要条件中必然包括给学习者提供实践自主学习的机会。自我评估与同伴评估相结合,学生既独立地对自己的能力进行评估,又在相互合作中形成反馈意见,从而对其他同

## 第八章　基于自主学习的大学英语教学评估

学的能力进行评估。实验数据表明,自我评估使受试学生加强了提高口头陈述的元认知意识,增强了自信心,提高了自我监控与自我评估的能力。通过评估实践,学生的英语自主学习能力都有了不同程度的提高。自我评估在英语自主学习能力评估中的运用是培养和提高学习者自主性的有效途径。

(2)适应大学英语教学改革的需要

自我评估使受试学生加强了自主学习能力的元认知意识,有助于学生找到自主学习过程中存在的长处和不足,增强自信心,提高自我监控和自我评估的能力,并可显著提高学生的英语成绩。

自我评估的应用符合以人为本、以学生为中心的现代教学理念,是自主学习过程的反映,体现了学习者个体的主动性和能动性。自我评估涉及思考过去的成就、评估当前的表现以及设计未来的目标等,为学生提供了认识自己能力和进步的机会,学生能更有目的地进行学习。正如纽南(Nunan)所说,当学习者学会进行自我监控和自我评估时,也就促进了学习自主性。以学习者为中心的教学理论强调学习者自身应该参与评估的过程。因此,自我评估适合目前大学英语教学改革的需要,突出学习者的学习自主性,有利于学习者了解自己的学习目标、学习过程和学习效果,有利于学习者课外的自主学习,有利于提高学习效率和培养学生的自主学习能力。

(3)促进学生全面发展的需要

学生希望学习评估不只是检查评判自己的学习,更重要的是促进学习,学生学习评估的根本是为了学生的发展,实现教育评估的发展性功能。安吉洛和克鲁斯(Angelo & Cross)认为,形成性评估的主要目的是改进教学而不是提供评估依据,所以评估可以匿名进行,不记成绩。自我评估有利于培养学生对学习负责的态度,并能促使学生独立思考,帮助反思学习的经历,从而树立新的超越自我的学习目的。在学生自评时,教师应向学生声明自我评估与学业成绩无关,以此来保证学生真实地对自己评估,客观反映学习现状,为自己改进学习和教师改进教学提供准确的信息。

(4)反映学生真实英语水平的需要

目前大学英语教学采用的主要评估方式仍然是考试。考试不能反映学生真正学到的知识以及真实的能力,考试内容也往往不能代表学生日常的真实学习成绩。实际上,终结性考试中的许多项目与学生所学和实际应用没有联系,出于应试目的,教师和学生为了考出好分数而教与学,这样的"好成绩"不仅没有反映学生的真实水平和才能,还扼杀了学生的学习积极性和创造性。

此外,学习评估要贯穿学习者英语学习的全过程,并且自我评估与教师评估是同等重要的。教师评估应注重观察学生课堂表现,了解学生个性特征、个别需求及学生英语语言的实际运用能力。以学生行为表现为本的教学评估可以使学校从"分数"的评估模式转移到一个新的动态评估环境中去。在这个新的环境中,学生是积极的学习者和思考者。

(5)促使学生明确学习目标的需要

当前,仍有一部分学生对学习目的和评估标准没有清晰的理解和认识,对自评认识也存在偏差,误认为学习自评就是做测试题,看分数。没有养成定期开展自评的习惯,对学习目标不了解,认为评估标准不明确,因此也没有机会反思自己完成的任务。让学习者参与评估能强化对所学内容的理解,加强自我评估的能力,从而取得更大的提高。布莱克和威廉(Black & William)认为,学生自我评估面临的主要问题是学生对学习目标往往缺乏清晰的概念。一旦学生掌握学习策略并成为学习的主人,他们的学习就会更有动力,效率也会更高,他们会获得终身学习的能力,他们相信自己有能力促进自身的发展,这将帮助他们成为自我激励、自我监控的自主学习者。

因此,教师可借鉴《大学英语课程教学要求》中的学生英语能力自评表,针对"视听说"每一阶段(2~3个单元)的教学目标,从

## 第八章　基于自主学习的大学英语教学评估

知识、技能和应用能力多个方面制订具体的学生自我评估表,组织学生开展自我评估,并指导学生对照评估表,找出自己的差距。教师应增加学生个别面授辅导时间,对学生个性化的问题分别给予指导。学生在教师指导下对其学习活动或学习行为表现进行反思,即进行自我检查、自我分析,以便进行自我改进与提高,从而实现提高其学习能力、未来学习效果的目的。

(6)实现"为了学习的评估"的需要

自我评估在设计上和操作上被认为是最优先服务于促进学生学习这一目的的评估。自我评估的实践体现了对课堂评估的新思考:为了学习的评估。为了学习的评估的一个核心特征是学生被积极鼓励为自己的学习负担起更多的责任。学习者被给予明确的角色,他们是自身学习过程的主导者,而不仅仅是教师行为的被动接受者。激励学生成为自己学习的主人是推动为了学习的评估的一项策略。自我评估是形成性评估的"关键元素",通过让学习者参与反省他们的学习,而不是依赖教师作为判断的唯一来源。自我评估有助于从根本上缩小学习者的现有水平与期望值之间的差距,学习者自己为缩小差距的行为负责,机械地遵照教师的"诊断处方"而不明白它们的意义和适应的情况的学生并不会学到东西。因此,自我评估是形成性评估的基础部分,能够提高形成性评估的有效性。

### 2.自我评估的意义

德国著名作家约翰·保罗(John Paul)曾说:"一个人真正伟大之处,就在于他能够认识自己。"也就是说,如果一个人对自己有全面、正确的认识和评估,就能够扬长避短,从而改变自己、完善自己,根据周围环境和自身实际情况,确定恰当的目标,促进自身的健康发展和潜能的最大程度发挥。自我评估的意义主要体现在以下几个方面。

(1)有助于提高英语自主学习的兴趣

众多学者的研究,如欧斯蒙德、塔拉斯(Taras)等都表明,自我评估有助于提高学生英语自主学习的兴趣。自我评估可以为学生提供英语自主学习的具体信息，学生从中可以找出自己的优点和缺点，对自己的语言能力有全面的了解。在语言学习中，学习者的角色从被动的信息接受者转变为独立的自主学习者。相应的，语言学习的目的也会从应付考试转变为提高自己的语言交际技能。

(2) 有助于教师提高教学效果

一方面，通过自我评估，教师可以了解到学生在语言学习中的弱点或其最需要改进的地方，从而给予相应指导，增强教学的针对性。加德纳 (Gardner) 认为支持性的要求信息使得教师将重心放在最需要指导的领域，特别是在最需要指导的时候。

另一方面，如果自我评估能够被有效地使用到语言学习中，就能在一定程度上减轻教师批改作业的重担，从而可以将更多的时间集中在准备教学材料和在学习的其他方面为学习者提供更多的指导上，提高教学效果。

(3) 有助于个体行为的自我调节与定向

自我评估对一个人的个性发展与行为反应具有重要的意义，它控制并综合着个体对环境知觉的意义，而且在很大程度上决定着个人对环境的反应。可以说自我评估起着个人行为自我调节与定向的作用，它在个体的社会化过程中，尤其是在儿童的社会化过程中起着举足轻重的作用。在我国的传统教育中，一般注重他观意义上的个性心理品质的培养，而极少关注自我评估的培养的重要性。实质上，一切外部力量转化为个人的内在品质，成为影响个人行为的因素，都要经过自我评估的中介作用。只有那些经过个人自我评估体系筛选，并被纳入个体的自我概念结构的行为或属性，才可能成为不需要外在强化力的个性品质。因此，积极、正确的自我评估的培养，应当成为儿童教育和社会化的重要目标。①

---

① 林敏. 小学六年级学生自我评估影响因素的研究[D]. 福州：福建师范大学，2004：2-9.

## 第八章　基于自主学习的大学英语教学评估

(4) 有助于解释经验对于个体的意义

自我评估起着经验解释系统的作用。一定的经验对于个人具有怎样的意义,与个人对自己的评估密切相关。不同的人可能会获得完全相同的经验,但是他们对于这种经验的解释却可能是不同的。一个对自己的智力和学习能力有较低评估的学生,对于一次考试所获得的高分,会认为是偶然情况,或认为是自己的好运气,而不会将其作为自己继续努力的起点。而对自己的智力和学习能力有正确评估的学生,会认为这是与自己的能力相匹配的成绩,自己应当努力取得更好的成绩。

自我评估就像是一个过滤器,进入个体心理的每一种知觉都会先经过其过滤,而后被赋予意义,所赋予的意义高度决定于个体对自己的评估。当自我消极评估时,每一种经验都会与消极的自我评估联系到一起;如果自我积极评估,则每一种经验都会被赋予积极的意义。积极的自我评估对个体的发展有着极其重要的意义。

(5) 有助于个体保持内在一致性

自我评估有助于个体保持内在的一致性。它不仅为个体提供自我认同感和连续感,使个体的存在和发展富有意义与价值,还在个体面临重要任务时起到调节和维持有意义行为的作用。个体需要按照与自我看法相一致的方式行动。国内的心理学家研究发现,对自我胜任(self-competence)评估积极的学生,他们的成就动机、学习投入以及学习成绩都明显地优于自我胜任评估消极的同学。有关品德不良学生的研究证明,学生有关自我声名与品德的评估直接与其行为的自律性有关。当学生对自己的声名评估不佳的时候,也就是被别人认为品德不良的时候,会放松对行为的自我约束。很明显,自我评估是通过维持内在一致性来引导个体的行为。因此,引导个体形成积极的自我评估有着非常重要的意义。

(6) 有助于提高个体对自身的期望

自我评估还有一个很重要的作用,它决定着个体对自己的期望。在各种不同的情境中,个体对自己的认识和评估不仅决定了人们对于所发生事情的期待,还决定了对于其他人对自己反应的期待,以及自己在情境中的表现。消极的自我评估不仅引发了个体消极的自我期望,而且决定了他们会去期待外部的消极评估和消极对待,决定了他们对消极的行为后果有着接受的准备,决定了他们不愿意做出更多的努力,也不再对某事物(如学习)感兴趣。

(四)自我评估的具体方法

近年来,随着自主学习和学习性评估的呼声逐渐提高,学习者的自我评估受到了越来越多的关注。研究者已经开展了一系列有关自我评估的研究。

1.学习档案评估

学习档案评估是当前应用较广泛的自我评估工具。它指的是收集到的有关学习者个体的各种信息。学习档案所收集的内容可以是多样化的、动态的信息。学习档案积累的材料更代表了学习活动和学习过程而不只是结果,它包括选择、比较、自我评估、交流和目标设置等。① 学习档案评估可以有效提高学习者的自主学习能力,其主要包括以下内容。②

(1)自主设置目标

自主设置目标可以引导学习者成为积极自主的学习者。目标由学习者自己设置,对他们的自主学习具有一定的影响,所以增强目标承诺的一种方法是参与目标选择设置过程。③

目标设置的具体与否也可以影响到自主学习动机。研究表

---

① 罗少茜.英语课堂教学形成性评估研究[M].北京:外语教学与研究出版社,2003:38.
② 刘梦雪.通过自我评估训练促进自主式英语学习的实证研究[J].疯狂英语(教师版),2009,(4):54-57.
③ 庞维国.自主学习——学与教的原理和策略[M].上海:华东师范大学出版社,2003:55.

## 第八章 基于自主学习的大学英语教学评估

明,与设置远期目标的学习者相比,设置近期目标的学习者英语自主学习动机更强,这是因为,近期目标的实现能够更加明显地体现学生在某些方面的进步,为学生选择学习方式,开展下一步的学习活动指明方向,同时也更容易使学习者对照目标来监控自己的学习进程。当然,如果设置的目标太低也不利于学习进步,因此教师应该提倡学生设置具体明确的、具有一定挑战性的学习目标。

(2)自我评估报告

自我评估报告是学生学习档案中很重要的一部分。自我评估的对象可以是学习行为的进展,也可以是学习行为的总体表现,还可以是学生阶段性的学习总结,这些都属于自我评估的范畴。学生学习档案所具有的这种促进反思的功能可以引导学生进行自我评估,帮助教师了解学生,这是传统的评估方式所无法比拟的。例如,学生在分析自己阶段性的自主学习情况时,可以参照以下几个问题来撰写自我评估报告。

第一,近期英语水平是否有所提高?体现在哪些方面?

第二,在自主学习过程中,遇到的主要困难是什么?是如何克服的?

第三,在下阶段的学习中,将会面临哪些挑战?如何迎接?

在自我评估过程中,学生还可以针对学习的一个方面或具体的一项学习任务进行自我评估并记录评估结果。教师在自我评估过程中,为学生提供各项学习任务的评估标准是很重要的,如优秀口头表达的构成要素、优秀阅读理解的构成要素、优秀写作构成要素、解决问题构成要素、体现良好合作精神的标准等。学习者参与各项语言任务评估的过程也是一个学习的过程。学习者可以参照一定的评估标准对自己的表现及相应的语言任务进行自我评估并作相应的书面记录,通过自我反思,不断提高各项语言技能。

(3)学习相关因素自我评估

自我评估除了评估学习者学习过程中知识技能的掌握情况

之外，还可以评估学习过程中所涉及的情感因素，如学习动机、学习兴趣、学习风格、学习习惯、学习态度等。这些方面的自我评估可以通过问卷的形式完成。学习者可以在教师的指导下填写有关学习风格、学习态度等方面的问卷，积极主动地了解自己学习过程中的一些相关因素，反思自己的学习情况，调整学习策略，从而增强自主学习意识和学习动机。

除上述内容外，学习档案中还可以收录以下内容：

（1）每周的英语学习资料（听写、口头演示稿、阅读范文及评论、作文等）。

（2）语法知识学习资料。

（3）正式测试的试卷分析及成绩记录。

（4）其他具有个人特色的自主学习资料及学习记录。

在一个学年的学习档案建立过程中，学生坚持课外自主学习，收集总结学习资料。在期中和期末时，笔者鼓励学生进行学习档案展示，并给学生提供学习档案自我评估表，要求学生以自我评估为主、相互评估为辅的方式对自己的学习档案进行评估和总结，激励学生坚持反思式自主学习。

2.自我评估表

自我评估表（self-evaluation questionnaire）的设计可以采用量规（rubric）方式，也可以采用问卷调查表的形式。

（1）量规

量规是一种结构化的定量评估标准，往往是从与评估目标相关的多个方面详细规定评级指标，具有操作性好、准确性高的特点。

在评估学生的学习时，运用量规可以有效降低评估的主观随意性，可以教师评，也可以让学生自评或同伴互评。如果事先公布量规，还可以对学生学习起到导向作用。此外，让学生学习自己制订量规也是很重要的一个评估方法。

## 第八章 基于自主学习的大学英语教学评估

（2）问卷调查

问卷调查是通过提问题，让学生通过自己的实际情况进行判断，并做出回答。问卷调查表可以帮助学习者通过回答预先设计好的问题来产生某种感悟，从而促使他们对自己的学习过程和学习结果进行重新审视和修改，提高他们的自主学习能力。

## 二、同伴评估法

20世纪初，查尔斯·霍顿·库利提出，与他人交往和互动对儿童自我概念发展起着重要的作用，儿童的自我概念是通过"镜映过程"形成的"镜像自我"，把别人对自己的反映当作"镜子"，儿童通过它来认识和评估自己，可见别人对待儿童的态度和方式，影响其自我评估的发展。个体自我概念的形成，外界对其的评估起着重要的作用。主体对自身的评估是借助于他人的评估而实现的，马克思说："在某种意义上，人很像商品……人起初是以别人来反映自己的。"[①]

实际上，个体自身对于他人的评估活动和他人对个体自身的评估活动是交织在一起的。个体自身借助于对他人的评估活动而实现的自我评估活动，与个体自身借助于他人对个体自身评估活动为参照系而实现的自我评估活动是不同的。个体自我评估活动和他人对个体自身的评估活动联结在一起，二者相互映照、彼此补充。为此，主体要以他人对自身的评估活动为参考系，辩证地对待二者之间的关系。

开放性的评估才能实现客观的自我评估。自我评估过程中应摒弃个体评估的主观随意性，这样评估才更有客观性、科学性和针对性。

同伴相互评估有其年龄、心理特点优势，学生之间的感情真挚，年龄相仿，沟通也很容易。既有利于激发学习者英语自主学

---

① 陈新汉. 自我评估活动论纲[J]. 北京师范大学学报（社会科学版），2007，(1)：100.

习的兴趣，也会坚定提高英语能力的信心。

　　同伴评估的作用是显而易见的：一方面，减轻了教师繁重的教学工作；另一方面，还有利于学习者之间形成良好的竞争氛围，从而形成英语自主学习的动力，切磋弥补缺陷。学习者只有在群体开放、相互交流的状态中，才会发现自己与其他学习者之间的差异和距离。一旦体现出差异和距离，就可激发竞争意识和相互学习的意识，取他人之长，补己之短，激发其改变自身落后的局面。

# 第九章 基于自主学习的大学英语教学手段新发展

如何培养和提升学习者本身的自主学习能力,一直是国内外研究者关注的话题。在理论和研究的基础上,众多学者对这一问题展开了深入探讨。有的学者认为,可以通过改变课堂教学模式,即"分级教学""个性化教学"来提升学习者的自主学习能力,有的学者则认为可以通过现代科技来促进学习者开展自主学习,即"网络技术"。为此,本章就从分级教学、网络技术、个性化教学三个方面来研究基于自主学习的大学英语教学手段新发展。

## 第一节 开展分级教学

### 一、分级教学简述

分级教学是大学英语教学改革的重要举措,力图改变传统英语教学模式中耗时低效的情况,通过对学生进行科学分级来满足不同层级学生的学习需求,提高学生的整体语言能力。

(一)分级教学的理论

分级教学的展开是依托于一定的理论的,主要包括输入假设理论、学习迁移理论和掌握学习理论。

## 基于自主学习的大学英语教学理论与改革研究

1.输入假设理论

输入假设理论具体指的是克拉申提出的"i+1"语言输入假设理论。在分级教学的实施过程中,需要以这个理论作为基础。

"i+1"语言输入假设理论认为英语教学中应该向学生输入稍微高于学生语言能力的知识。在分级教学中,这个理论体现出了循序渐进的教学观,强调根据不同学生的特点进行针对性的语言输入,重视语言学习的步骤与过程。

学生的知识吸收是"i+1"语言输入假设理论的重点,同时也是输入假设理论的重点。分级教学在展开过程中,需要根据不同学习者的语言学习情况、认知情况、学习动机、学习态度、个人性格等安排教学工作,这一点与"i+1"语言输入假设理论的内涵相一致。

2.学习迁移理论

学习迁移理论指的是在一种学习中获得的经验对其他学习的影响。在英语学习过程中,习得知识在新的学习情境中的运用就是学习的迁移。需要注意的是,迁移并不都是积极的。一种学习能够对另一种学习起到促进作用的为学习上的正迁移,相反起到干扰或者抑制作用的则为学习上的负迁移。

在分级教学中,也可以以学习迁移理论作为基础。学习迁移理论的提出者奥苏泊尔指出,当学生能够对原有知识进行理解、巩固与辨别后,就能提高自身认知结构的系统性、稳定性,从而有利于学习的正向迁移。分级教学中可以将原有知识掌握水平大体一致的学生安排在一起展开教学工作,从而促进学习的正向迁移,促进学习的顺利进行,提高英语教学的效果。

3.掌握学习理论

掌握学习理论是由美国心理学家布鲁姆(B.S.Bloom)提出的。他认为,学生语言学习中成绩欠佳的原因并不是学生智力的

# 第九章　基于自主学习的大学英语教学手段新发展

缺失,而是因为没有完备的教学设施以及良好的教学条件。学习条件能够促进学生对知识的吸收,提高学生的语言能力。分级教学过程中也需要采用多样化的教学手段,提升我国英语教学的设施,从而挖掘学生的学习优势,从整体上提升我国英语教学的效果。

(二)分级教学的原则

分级教学的实施需要遵循一定的教学原则,具体包括循序渐进原则和因材施教原则。

1.循序渐进原则

循序渐进原则指的是根据不同学科知识体系的内在规律与顺序展开系统的教学工作,同时还需要根据不同学生的年龄特点、认知程度等设计教学活动。分级教学能够让教师在不同学生的英语知识基础上设计教学工作,并根据学生特点采取适当的教学方式。由于学生的认知是一个从低向高的发展过程,因此分级教学更加需要教师遵循循序渐进原则,从而保证不同层级的学生都能得到有效的教学指导。

2.因材施教原则

因材施教原则是分级教学中的重要原则。这个原则要求教师的教学要从学生的实际出发,有的放矢地展开英语教学工作。由于不同学生在生长环境、教育环境、认知特点、个性特点方面都带有差异性,因此采用统一的教学模式难以满足每一个学生的需求。传统英语教学在统一的教学目标和教学模式下展开教学工作,既不能满足英语能力高的学生的学习欲望,同时也使英语能力待提高的学生出现吃力的情况。分级教学考虑到了这种差异性,在具体情况具体分析的前提下对学生展开针对性教学,从而承认了学生个体之间的特性,为学生的全面发展提供了良好的条件。

## (三)分级教学的实施

分级教学的实施是我国英语教学改革的重要举措,标志着我国英语教学从传统一刀切的教学模式向着更加科学、更加带有针对性的教学模式转变,体现出了学生的主体地位,同时也使得我国的英语教学工作向着更加高效的方向前进。具体来说,分级教学的实施包括以下几个方面的内容。

### 1.科学合理地分级

科学分级是分级教学展开的关键步骤,甚至决定着后续教学工作的实施。我国《大学英语课程教学要求》主张将大学英语教学分成一般、较高和更高三个层次。大学英语分级教学可以将学生分成初级、中级、高级三个级别。

(1)初级班主要针对的是英语语音、语法等基础知识不太扎实的学生。针对这一级的学生,教师需要适当放慢教学速度,从而夯实学生的英语基础知识,为后续的语言教学打下良好的基础。

(2)中级班主要针对的是英语水平尚可,但是听说能力有待提高的学生。针对这一级的学生,教师可以按照正常的教学进度展开教学工作。从数量上看,中级班学生人数是最多的。

(3)高级班主要针对的是英语水平较高的学生。针对这一级的学生,教师需要加强对学生听说能力的培养,并积极开设适合学生的选修课程,从而满足学生的英语学习欲望。例如,开设英美文学课,让学生广泛涉猎英语文学作品。开设文摘选读课,丰富学生的英语学习视野。

需要注意的是,在分级过程中,教师不可以根据硬性指标进行分级,需要采用个人意愿结合统一考核的方式进行,从而实现分级的科学性与灵活性。具体来说,分级中的统一考核方式指的是科学的分级试题与分级标准。一般来说,教学工作者可以根据《大学英语课程教学要求》对学生的词汇量、语法知识掌握程度等

## 第九章　基于自主学习的大学英语教学手段新发展

进行测量,从而为分级提供依据。一般来说,分级一般在学生大学入校时便可以着手进行,在实施过程中需要注意下面几点问题。

(1)分级时可以以系为单位,考虑学生高考英语成绩和分级考试成绩进行分级安排。

(2)教师应该积极和学生展开沟通与交流,从而了解学生具体的学习情况、个人意愿与学习需求,从而提高分级的有效性,并在充分尊重学生的基础上激发学生学习的积极性。

2.提高分级区分度

在具体分级过程中,一些教学者根据高考英语成绩以及英语摸底考试的成绩进行分级。但是一些学生由于几分之差未能进入高级班,这往往影响学生学习的积极性与自信心。需要强调的是,几分之差并不能反映出学生学习水平的高低,因此这种硬性分级方式难以提升分级的区分度。教师可以增加分级过程中学生的参与度,让学生对自身的学习能力进行评估,实行双向选择的分级模式。

具体来说,教学者以高考英语成绩和英语摸底考试成绩作为分级的依据,但是同时向学生公布不同英语级别中在听、说、读、写几个方面的教学要求和学习要求,让学生根据自身的兴趣以及自我评估结果选择英语级别。最后由学校进行最终的分级审定工作。这种学生主动参与的分级模式体现出了学生的主人翁地位,有利于提高分级的主动性,激发学生英语学习的积极性与自觉性。

3.贯彻好升降调整机制

一个学习级别并不是永远固定不变的,因此需要在教学实践中贯彻好升降调整的机制。升降调整机制首先需要遵循自主选拔性,在一定的学生级别内进行定期调整,激发学生的学习兴趣,提升学生的学习竞争性。升降调整机制能够在一方面提升学习进步学生的积极性,带动整体教学环境的塑造,同时还可以在一定程度上刺激学习退步的学生,激发学生奋进的主动性。

4.制订科学的评价标准

教学评价是教学的重要环节,在分级教学中也是如此。由于分级模式在实施过程中,不同级别的学生需要采用不同难度的试卷。因此,单从分数上看,高级班英语学生的成绩可能会低于部分低级班的学生。如果单纯以成绩进行对比,则可能造成学生的恐慌。因此,分级教学中制订科学的评价标准十分有必要。教师在对学生的考核管理上,除了硬性的成绩指标之外,还需要根据学生的平时表现对学生进行综合考察,从而利用形成性评价与总结性评价相结合的方式来确定学生最终的学习情况。除此之外,教师还可以根据试卷的难度引入加权算法,设定科学的评价系数,从而整体上衡量高级班学生与低级班学生的分数。

5.降低负面影响

大学英语分级教学是教学改革的重要方式,由于其现在处于发展阶段,因此在组织和管理方面都不可避免地会出现一定的问题。例如:

(1)分级操作过程较为复杂。

(2)学生考勤控制较难。

(3)学生学习焦虑增加。

(4)学生归属感程度低。

由于这些问题的出现,分级教学的实施会受到很大的影响,因此降低负面影响也是分级教学实施的重要环节。相关教学者需要建立更加完善的分级体制,从而减少分级模式实施中的不良问题。同时,教学者也需要从宏观上制订与完善不同的制度与规范,从而提高分级教学的科学性,并最终促进我国大学英语课程教学效果的提升。

# 第九章 基于自主学习的大学英语教学手段新发展

## 二、利用分级教学培养自主学习能力的措施

### (一)打破"一分到底"的固定模式

打破"一分到底"的固定模式,实行动态管理,赋予分级教学一定的弹性。一个学期为一个调整阶段,首先由学生个人提出申请,任课教师根据情况,将学习态度好、成绩有显著提高的学生调整编入更高层次班级,也可以将平时表现较差、跟班有困难的学生分入低一等级班级。这种滚动式分级充分体现了优胜劣汰机制,使高级班学生具有危机感和"保级"意识,同时又充分调动了中、初级班学生学习的积极性。既给了学生压力又让其有了动力,在肯定学生学习取得进步的同时增强了他们的自信心和竞争意识,有利于创造积极向上的学习氛围。

### (二)发挥情感因素的积极作用

在英语教学中,教师应对所有的学生一视同仁,关爱所有的学生。学生在智力活动、学习成绩、行为表现等层面存在一些差异,教师应尊重这些差异,特别是对学习中的后进生,更要给予尊重与信任,并在课堂上多加关注,多提供给他们发言的机会,多使用褒奖性言语表扬、鼓励他们,善于发现他们的优点;适当创造机会让他们获得成果,这有利于增强学生的自信,逐渐消除自卑,从而促进学习。教师可以通过自己的表扬、言语、行为等将鼓励、尊重、信任等情感信息传递给学生,使学生产生积极的情感体验,激发其潜在的"情感动力",提高其学习信心,避免挖苦讽刺、减少批评指责。

#### 1.树立学生的学习信心

自信心对于外语学习有巨大的激励作用,教师可以从以下几个方面树立学生的信心。

（1）帮助学生树立正确的学习目标。

（2）帮助学生正确对待失败综合征。

（3）教师制订切实可行且能够促进学生学业进步的教学计划。

（4）为水平较低的学生提供额外的帮助。

（5）重视学习过程的评价和指导性的反馈。

（6）帮助水平低的学生树立有适当挑战性的目标。

2.克服学生的情感问题

整个英语学习的过程都伴随着焦虑情绪，严重的可能会引发紧张。所以，教师主要可以从以下几个层面着手来帮助学生努力克服这些困难：

（1）多与学习困难的学生进行交流，并鼓励他们迎难而上。

（2）善于发现每位学生的优点，并将其不断扩大。

（3）通过关爱、呵护每位学生来保护他们的自尊。

（4）对于学习困难的学生的进步要有所期待。

（5）通过组建学习小组，来保证学习困难学生的参与。

（6）适当降低对学生的一些要求，让他们尝到成功的甜头。

（7）帮助学生分析错误并加以指正，而不是大声地训斥。

3.激发学生的学习动机

动机在外语教学中起着十分重要的作用。利用情感因素激发学习动机，可以产生事半功倍的效果。因此，找出办法激励学生的学习动机对于全面提升英语教学的效率显得十分重要。

首先，教师应充分利用学生固有的动机，并设置相应的情景来深化他们的认识。例如，在课堂上经常进行对话表演练习，可使学生的参与性和学习热情都得到大大提高。

其次，教师还应该让学生认识英语对自己未来的工作、生活的实际意义，这样才能使学生主动体会到学习英语的必要性，如介绍他们去经典的外文网站，推荐有趣的外文读物，布置适合的对话练习等,立足未来去启发学生认识外语学习的重要性。

(三)建立良好的师生关系

教师首先必须与学生建立良好的师生关系。为此,教师可从以下三个方面做出努力。

1.真诚对待、关心、爱护每一位学生

要建立良好的师生情感联系,教师必须公平地对待每一位学生,发自内心地关心和爱护每一位学生。对一些缺少自信或学习困难的学生,教师要少批评指责,多鼓励、多关怀,切实帮助他们。

2.展现教学魅力

教师要想激发学生学习兴趣,就要努力使教学过程充满情趣和活力,并联系学生实际,使学习贴近他们的生活。只有使学生体会到教学过程的魅力,才能激发学生学习的兴趣。

3.完善个性

教师应该不断努力完善自己的个性,使自己拥有真诚、负责、热情、宽容以及幽默等优秀品质,具备内在的人格魅力。

## 第二节 采取个性化教学

### 一、个性化教学简述

(一)个性化教学的内涵

1.个性化教学的内容

个性化教学也是大学英语课程教学展开的重要模式之一,对于促进我国英语教学效果、提高英语人才的应用性与实用性都有积极的促进作用。个性化教学是一种针对性教学，符合英语教学改革中学生的主体性理念。具体来说，个性化教学应该包括以下几个方面的内容。

(1)个性化教学的教学目标是为了提高学生的英语理解能力与语言引用能力，并使学生自身和家长都能了解到学生的学习表现。当学生落后或者超越了同龄人水平时，这种对自我表现的了解更为重要。

(2)个性化教学的教学任务是激发学生的学习潜力，促进学生的英语学习。

(3)个性化教学的教学评价带有及时性与诊断性，意在通过评价让教师了解学生的学习数据，并以此来改进教师的教学设计促进教学的发展。

(4)个性化教学在实施过程中需要考虑不同学生的个性特点与具体差异，从而科学设计课程内容与过程，为教学的具体进行做好准备。但是教师的教学设计不可能同时也不需要适应所有的课程要素，教师需要根据学生的情况进行教学要素的修正。

(5)个性化教学在实施过程中，需要教师尊重学生的差异，从而为学生的全面发展提供有效的学习机会。

2.个性化教学中的角色

在个性化教学中，师生都有着重要的作用。具体来说，教师担任着教学的建筑师的角色，需要明确了解学生的学习需求，并采用科学、多样的教学方式来提升学生的学习工作。除此之外，教师还需要和学生共同制订学习计划，从学习的失败中获取经验，来推进教学与学习效果。学生在个性化教学中应该对自身的理解力进行提高。同时个性化教学的实施需要学生发挥自身的主观能动性，主动参与课堂管理工作，并高效分配学习时间。学生在个性化教学中的积极反映是教师改进教学、了解教学反馈的重要渠道，能够提高教学相长的效果。总体来说，个性化教学中的师生关系是一种新型的合作关系。

# 第九章　基于自主学习的大学英语教学手段新发展

3.个性化教学的手段

个性化教学在实施过程中应该重视学生的适应性,以学生为主体展开具体的教学工作,为此,教师和学生可以营造一个适应性的课堂。

(1)教师应该采用多样化的教学与学习材料,让学生根据自身兴趣进行选择。

(2)教师可以综合采用契约学习与自主学习的方式,给学生学习上的自由。

(3)教师可以根据不同学习任务让学生展开共同学习和小组学习。

(4)利用不同的分组形式,如异质分组或同质分组,提高学习的针对性与个性化。

(5)根据不同的教学材料与学习任务,可以采用教师指导的方式或者学生自主选择的方式。

具体来说,个性化教学的实施首先需要教师将个性发展与目标定位相结合,在教学中既要强调听、说、读、写、译五项技能,又需要让学生根据自身的学习兴趣来突出某项或某些技能的发展。当学生的个性发展需求得到满足之后,学生的学习主动性就会提高,其主体作用也会得到发挥。教师需要根据不同学生的特点,让学生进行自我剖析与综合剖析,帮助学生树立学习上的自信心,保证大学英语教学的逐步提高。

个性化教学的实施中还应该注意教学手段与教学资源相结合。传统大学英语教学中,几乎都是统一的教材,难以满足学生的个体需求,同时也不能体现出英语学习的乐趣。教师在教材的限制下,教学方式与方法也难以灵活运用。个性化教学可以开发不同的教材形式,采用不同的学习模式,开设不同的学习课程,从而提高英语教学的实用性、趣味性、知识性,提高学生在英语学习中的积极性。

在不同学生个性的差异下,学生可以根据自身需求采用经验性学习模式、理念式学习模式或者创造性的学习模式,同时也不需要为学生布置统一的课堂作业。教师应该在个性化教学中充分尊重学生,具体应该秉承以下几种信念:

(1)教师应该尊重不同学生的禀赋和水平。

(2)教师应该向全体学生提供不同难度层次的教学材料,从而从整体上提升学生的技能理解能力与英语语言技能。

(3)教师应该期待学生的成长,并支持学生的持续性成长。

(4)教师应该提高教学的兴趣性,设计更多学生感兴趣的学习任务。

个性化教学的实施需要教师向学生阐明教学的本质,让学生理解教学的概念、原理与技能掌握要求,这样才能促进教学与学生的共同发展。

(二)个性化教学的实施

美国是个性化教学发展程度较高的国家,出现了以下几种个性化教学的模式。

(1)个别规定教学(Individually Prescribed Instruction,IPI)。

(2)个别指导教学(Individually Guided Instruction,IGI)。

(3)个性化教学系统(Personalized System of Instruction,PSI)。

(4)按需要学习计划(Program Learning in Accordance with Needs Plan)。

(5)掌握教学(Mastering Instruction)。

(6)策略教学(Strategy Instruction)。

(7)程序教学(Programmed Instruction)。

(8)个别视听教学(Individualized Audio-visual Instruction)。

(9)计算机辅助教学(Computer-based Instruction)。

下面结合我国英语教学实际主要介绍个别规定教学、个别指导教学以及适应学习环境模式三种。

1.个别规定教学

个别规定教学最初是由美国匹兹堡大学学习研究发展中心

## 第九章　基于自主学习的大学英语教学手段新发展

研发的。与传统课程教学模式相比,个别化规定教学呈现出以下几个特点。

(1)教学呈现个别步调。

(2)学生学习掌握定向。

(3)提供书面的学习指导。

(4)较少使用授课的教学方式。

(5)大量采用测验来检测学生的学习成果。

个别规定教学在具体实施过程中,需要在学习前对学生的学习水平进行评价,然后规定具体的学习活动,学生在学习过程中自主选择学习材料,在学习完成之后进行再一次学习评价。

2.个别指导教学

个别指导教学主要应用于学校领域,是由美国威斯康星大学"个别化教育研究发展中心"创立。个别指导教学在实施过程中需要注意以下几个方面。

(1)教学过程既需要确定固定的目标,同时也要有变化的目标。

(2)教学目标的确定要有学生、教师、家长共同协商确定。

(3)教学目标在设定过程中要考虑到学生的学习水平与学习动机。

(4)教学过程中教师要重视经验的传授,从而引导学生实现教学目标。

(5)教师需要根据学生个性特点与具体需求灵活调整教学内容、教学形式、教学活动等。

(6)教师可以通过多种方式增加教学的有效性,如教师指导、学生互动、教学媒体互动、小组讨论、班级活动。

(7)针对不同的教学活动,教师需要对学生的学习情况展开阶段性评价,同时还要不断修正教学计划,并给予学生有针对性的反馈。

在个性化指导教学中,教师的角色十分重要,不仅承担着知识传授的职责,还需要给予学生科学的引导与启发。

3.适应学习环境模式

适应学习环境模式的重点在于建立和维持大多数学习者学习成果的最佳机会和学习环境。由于英语是我国的第二外语,因此存在先天语言使用环境缺失的问题,通过学习环境的营造,对于学生的英语学习也有着重要的影响作用。具体来说,适应学习环境模式包括以下三种结构:

(1)个别规定教学。

(2)独立自主探究(independent inquiry)。

(3)社会合作(social cooperation)。

适应学习环境模式的教学模式包括以下12个标准:

(1)空间和设施设备的安排。

(2)创造和维持教材。

(3)建立交流的规则和程序。

(4)管理支持。

(5)诊断性测验。

(6)记录维持。

(7)调控和诊断。

(8)陈述和规定。

(9)互动的教学。

(10)教学活动。

(11)激励动机。

(12)发展学习者的自我责任。

## 二、利用个性化教学培养自主学习能力的措施

(一)制订差异性目标

采用个性化教学模式要求教师在备课时根据学生的兴趣、思

## 第九章　基于自主学习的大学英语教学手段新发展

维、意识等方面的差异,在准确把握教材的基础上,制订出差异性教学目标。教师应对以下两个方面展开分析。

(1)对每节课的教学内容进行分析,制订共同目标,确保每个学生都可以达到这一目标,同时确定本节课扩展方向,为学有余力的学生制订更高级别的目标。

(2)对学生进行分析,了解每个学生特有的学习优势、学习类型,了解他们的不同需求以及不同特点。尤其应注意了解学习存在困难的学生的基础与本节课的起点所应具备的基础之间的差距,明确在目标实现过程中所需的帮助。只有确保课堂教学活动与教学方式灵活多样,才能激发更多学生积极参与教学活动。

教师的教学设计中应具有共同的基础内容、预备内容以及扩展内容;有个人活动,也有小组活动;有实践性活动,也有创新性活动等。合理设置差异性目标,满足不同个性学生的不同需求,使不同学生都能体验到学习的乐趣,享受成功的喜悦,从而提高学习动力,促进英语学习。

(二)开设个性化的选修课程

为了满足学生个体的发展,个性化教学需要课程的多元化。也就是说,可以以基础课程为基础,根据学生的兴趣与需求开设一些选修课程。根据学生的实际需要,大学英语可以开设如下选修课。

(1)文化类课程,如《西方文化导论》等。
(2)语言技能类课程,如《翻译理论与实践》等。
(3)专业英语课程,如《商务英语》等。

选修课程是基础课程的重要补充。选修课程涉及面广,强调培养学生的兴趣,对学生的学习具有抛砖引玉的作用。通过学习选修课程,学生可以充分感悟语言,体会语言作为文化载体的意义,使自己的文化内涵与个性内涵得到充实,还有利于自身个性的发展。

### (三)建立有效的个性化评价体系

个性化教学模式强调评价对于教学过程的意义。个性化教学模式要求教师在进行评价时应尊重学生个体的差异,同时要根据学生的基础与个性的改变而做出相应的调整。此外,在评价过程中,教师应注意坚持激励性原则,充分发掘每个学生的个性潜能。个性化教学模式具有传统的授课式教学所不能比拟的优点。将个性化教学模式融入英语教学中,充分发挥学生的主体作用,采取不同方法来激发学生的学习兴趣,不仅有利于提高学生的自主学习能力,还有利于提升英语教学的整体教学质量。

## 第三节　利用网络辅助教学

以计算机网络为核心的现代信息技术与英语教学相结合是适应知识经济社会发展需要的重要举措,也是 21 世纪教育改革的重要途径。网络技术在教育中的应用必然深化学科教学改革,推动英语教学改革进入一个新时期。与传统信息资源不同,网络资源是将计算机技术、多媒体技术、通信技术等进行融合,逐渐形成的发布、查询、存取信息。网络资源的出现使人类信息资源的开发进入了一个新的时代。

### 一、网络技术简述

#### (一)网络的定义

一般来说,网络是由节点与连线构成的,其主要是表现不同对象及其相互之间的联系。在数学领域,网络一般被认为专门指代加权图。除了数学层面的定义外,网络还有其自身的物理含义,即网络是从某种相同类型的实际问题中抽象出来的一种模

## 第九章　基于自主学习的大学英语教学手段新发展

型。在计算机领域,网络被认为是一种虚拟平台,其主要用于信息传输、信息接收以及信息共享。通过网络,人们可以将各个点、面、体等联系起来,实现资源、信息的共享。因此,对于人类的发展来说,网络是极其重要的,它促进了科技及人类社会的发展。自20世纪90年代以来,网络的发展日益迅猛,在人们生活中普及开来。具体而言,其主要体现在如下几个层面。

首先,网络的应用领域非常广泛且是五花八门的,延伸到社会生活的各个层面。例如,信息查询、网络购物、文件传输、网络数学、远程医疗、电子商务等,可谓各个领域都有网络的涉入。

其次,网络的规模也在不断扩大。就目前来说,计算机已经在世界的每一个角落普及起来,并且以每年翻一番的速度持续增长。其性能也在逐步提高,经过专家学者的不断调试和改进,更具有稳定性和实用性。

网络技术将互联网上一些分散的资源融合为一个统一的整体,实现资源的有机协作和共享,使人们能够从容地使用资源的整体能力来获取所需要的信息,具有明显的透明性。

(二)网络的分类

网络资源复杂繁多,其分类标准也不一。具体来说,可以分为以下几个类别。

1.按网络的表现形式来分

按照网络的表现形式,网络资源可以分为文本资源、视听资源、在线词典与翻译工具、百科全书、语料库资源等。

(1)文本资源。在网络技术发达的今天,大部分信息都是以文本形式发布出来的。文本资源是网络资源中最丰富、最常见的资源。在大学英语教学和研究中,要想了解语言的发展趋势以及语言最新的发展动态,人们只需要输入关键词就可以在搜索引擎中查询到。网络资源具有传播速度快、信息量大、内容丰富等优势。当大学英语教师在教学中感到教材陈旧、题材有限等情况时，他们就可以选择网上搜索新的文本资料。例如，在大学英语阅读课堂中，教师可以在专门的阅读网站搜索各种题材、各种体裁的最新文章，让学生充分了解英语语言国家的新闻、背景知识。利用网络资源对教与学都有重要意义，摆脱了传统书本知识的局限，尤其是那些陈旧的书本知识，让教师的教和学生的学跟上了时代的前沿。

(2)视听资源。网络上的资源广泛，具有极大的真实性，对培养学生的听说能力有着极大的帮助。网络视听资源有很多，如BBC、VOA、CNN等，这些视听资源内容丰富、形式多样，并且内容新颖，时效性强，在发音上也比较地道，对于培养学生的听说能力和交际能力大有裨益。另外，网络视听资源的下载也是非常方便的。

(3)在线词典与翻译工具。在线词典是建立在计算机的基础上，为用户提供词语查询的数字化参考工具。网络上的在线词典数量巨大，种类繁多，专业性强，更新速度快，因此逐渐形成了一个庞大的多学科、多语种的词典资源库。此外，有道翻译、Google翻译等翻译工具对词语、句子、短语篇的翻译提供了新途径。

(4)百科全书。网络资源除了有一些专业出版社出版的百科全书网络版外，还有很多免费的百科网站。例如：

百度百科 http://baike.baidu.com

维基百科 http://www.wikipedia.com

但是免费的百科网站中的百科知识往往是由某个人或者某一组织免费提供的，他们对同一科目可能所下的定义不同，甚至有些是不全面、不准确的，因此需要教师和学生不断进行辨别，不能盲从。事实上，网络本身就是一个巨大的百科全书。这一巨大的虚拟图书馆本身就是鱼龙混杂的，如果要想获取最权威的解释和词条，尤其是想要运用到学术研究上时，一定要注意资源的出处。如果出处不明或者没有出处的，最好不要使用。

(5)语料库资源。语料库在大学英语教学中发挥着重大作用。通过检索网络语料库资源，教师能够得到更为地道、真实的

## 第九章 基于自主学习的大学英语教学手段新发展

语言例句,或者是对比分析研究。当前,网络技术领域下的可供人们免费使用的语料库有两种:BNC 与 COBUILD。

BNC 是由朗文出版公司、英国牛津出版社、牛津大学计算机服务中心以及大英图书馆等联合建立和开发的大型语料库,该语料库不仅存在书面语,还存在口语,词容量也超过了一亿。其包含的内容主要有理论书籍、国家报刊、大学论文、地方报刊、通俗小说、谈话录音文本等。

COBUILD 是网络时代最早出现的大型英语语料库,其由伯明翰大学与 Collins 出版社合作完成,英语词容量达到了 4 亿多。

以上这两大语料库取材广泛,规模巨大,不愧为语言学习工具的经典。

2.按网络的不同组织结构和呈现方式来分

根据网络的不同组织结构和呈现方式,网络资源可以分为在线数据库、教育机构网站、电子期刊和电子书。

(1)在线数据库。在线数据库通常有图书馆目录数据库和其他专门用途的数据库,如科技论文数据库、学位论文数据库、会议文献数据库等。很多数据库检索服务中心可以通过网络访问在线数据库的目录,如 ERIC 教育资源信息中心。这一数据库是由美国教育部资助的,是当前最权威、最全面的教育学数据库。

(2)教育机构网站。网络资源根据信息发布者的身份可以分为个人信息、政府教育机构信息、企业集团教育信息、科研院校教育信息、纤细服务机构教育信息等。

政府服务机构教育信息的一级或二级域名是".gov"或行政区域代码。例如:

美国教育部网址 http://ed.gov

中华人民共和国教育部网址 http://www.moe.gov.cn

此外,企业集团教育信息的站点往往以".com"作为一级或者二级域名;科研院校的信息站点往往以".edu"作为一级或者二级域名。例如:

中国科学院网址 http://www.cashq.ac.cn
中国教育和科研计算机网 http://www.edu.cn
比利时鲁汶大学网址 http://www.kuleuven.ac.be

（3）电子期刊和电子书。基于网络的电子期刊主要有三大类：电子杂志、电子报纸以及电子新闻和信息服务。大量的期刊在网上发行，其基本与印刷期刊大体相同。

电子书是一种按照一定的组织结构构成的计算机可视学习材料，其基本特点是具有反应性、超媒体化，其界面也非常复杂。当前，很多图书都包含纸质版和电子书两种形式，很多教育机构网站也包含了大量的电子图书资料，这些对于世界上各地的教师来说都是一笔不小的财富。

（4）免费资源和有偿资源。网络资源有免费资源和有偿资源。一般的 WWW、BBS、FTP 等资源都是 24 小时免费的，任何教师和学生都可以免费浏览、查询、下载等。免费的网络资源是信息化学习的资源主体和主要对象，也是网络迅速普及的助推力。但是，由于网络资源源于各个数字化的数据库，其在网络上运行还需要耗费大量的人力、物力等，因此也存在一些有偿资源。有偿资源与免费网络资源相互补充、长期共存，为大学英语教师和学生提供了所需的各种各样的资源。

3.按人类信息交流形式来分

如果按照人类信息交流形式来分，网络资源又可以分为正式出版信息资源、半正式出版信息资源以及非正式出版信息资源。

（1）正式出版信息资源是受一定产权保护、信息质量可靠且具有较高的利用率的信息资源，如各种网络数据库、电子图书、电子杂志、图书馆目录等。

（2）半正式出版信息资源是指受一定产权保护，但是没有纳入正式出版系统信息的资源，如企业和商业部门、各种学术团体和教育机构、国际组织和政府和机构等为了宣传自己的产品而产生的描述性信息。

# 第九章 基于自主学习的大学英语教学手段新发展

(3)非正式出版信息资源是指随意性强、流动性大、信息质量很难保证的动态性信息资源,如专题讨论小组、专题论坛、电子邮件、电子布告、电子学术会议等。

(三)网络的特点

网络自身作为一个丰富的信息资源库,不仅满足了不同学生的学习需求,为每个学生提供了个性化的学习空间,使个体间的协作学习和互相配合更加自主、便利,还为课堂教学创设形象逼真的环境,使学生在动静结合的画面和声像同步的情景中,完成新知识的建构。下面就来具体探讨网络的特点。

1.开放性

网络是一个具有全方位开放性的巨大无比的资源库,它的开放性可以体现在以下三个方面。

(1)网络平台上的资料是动态的,处于即时更新的状态,因此它可以为学生提供最前沿、最流行的学习素材。

(2)网络资源丰富多彩,涉及社会的方方面面,在为师生提供充足的教学资料和学习资料的同时,还有利于培养学生的自主学习能力。

(3)网络上的资料形象生动,常常图文声并茂,很容易吸引学生的注意力和激发学习兴趣。

2.创造性

网络的各个环节都体现着学生的积极性和创造性。

(1)学习者对网络资源库中的素材进行选择、组拼、融合、消化、转换时需要积极发挥自身的想象力和创造力。

(2)学生们根据自己的喜好选择合适的素材后,然后用自己的语言对它进行描述、匹配、补充、加工,最后沿着自己理解的模型和思路形成各自的"作品",再用 E-mail 或其他数字化的方式将自己的"作品"发送到教师的信箱中。

（3）教师可以立即打开学生的电子邮件当场进行点评，并让学生以朗读、游戏或表演的方式深化所学的知识内容。

3.形象性

在网络环境下进行英语教学，学生能够在逼真的视听环境中通过视觉和听觉的组合优势提高教学效果，而网络教学将这种优势体现得更加明显。在网络环境下，学生进入自然真切的情景中进行英语学习，还可以现学现用，随时检验学习效果，能够帮助学生的英语学习取得事半功倍的效果。

4.时效性强

网络资源从本质上改变了信息交流形式与获取形式，将传统的出版概念抛之于外，实现了无纸化的出版。也就是说，信息的查询、获取等都是在网上进行的，大大缩短了编辑出版的时间。因此，网络资源具有极强的、无可比拟的时效性。使用者也不必受到时间、空间的限制，内容也更具有及时性和新颖性，便于使用者查询与共享新思想。

5.功能巨大

网络资源具有多样化的表现形式，首先是图文并茂，这些信息既容纳了传统文字、图画信息，也包含了声音、立体动画等多媒体信息。网络将听、视等集合于一体，更具有直观性和吸引力。其次，网络资源具有超文本链接功能，便于人们快捷地获取所需信息。

6.信息容量大

网络资源的载体是计算机，运用计算机进行查询、存储、处理，这些载体与传统的文字载体来说，具有信息容量大、存取方便等优点。

## 第九章　基于自主学习的大学英语教学手段新发展

7.查询方便

网络资源的查询既不受图书馆开放时间的限制,也不会受地点及借阅数量的限制,只要通过电脑,用户就可以自由地进行查阅,可以在家里或者其他任何有网络的地方进行。网络信息资源的检索可以使用超文本链接,形成一个网络链条,将不同地区、不同国家、不同服务器等结点联系起来,以便用户在复杂的信息中准确、快捷地搜索到自己所需的信息。

(1)搜索引擎搜索。对于首次运用搜索网络多媒体资源的用户来说,目录网站是初次查找所需要的。由于目录网站包含着之前筛选过的网址,而且有详细的分门别类,所有类别都经过细化处理,因此用户可以更容易地找到需要的资料。搜索引擎的出现建立在目录网站的基础上,便于用户根据关键词搜索自己需要的信息。但是很多时候人们搜索出的并非自己想要的信息,甚至需要输入几百或者几万次,因此需要搜索者花费大量的时间进行搜索。对于那些记不住门户网站名的用户,使用搜索引擎是最佳的选择,他们只需要记住几个就可以,然后再输入关键词就可以进入到查询的领域,进而充分享受计算机搜索带来的乐趣。

(2)门户网站搜索。门户网站自身有丰富的内容,是能够链接到其他网站的一种网络多媒体检索形式。通过门户网站搜索,用户能够记住网站的地址和名称,这没有上面所说的搜索引擎方便,但是其指向性却非常直接。例如:BBC World Service Learning English 网站 http://www.bbc.co.uk。该网站是美国BBC 广播公司的网站,学习英语需要接触真实的语境材料,BBC 对英语教师来说是非常有用的。

My Virtual Reference Desk 网站 http://www.refdesk.com,该网站是十分友好的,是对大学英语教师非常有帮助的网络多媒体资料库,其提供了两种资源:一是与本网站内容相关的链接资源,二是本网站自己建立的资源。

Dave's ESL Café 网站 http://www.eslcafe.com,该网站主要

为全球大学英语教师和学生服务。其内容有教师参考资料、学生学习资料、英语背景知识,是一个对大学英语教学非常有用的网络多媒体资源。

The Educator's Reference Desk 网站 http://www.eduref.org,该网站有着25年的历史,能为教育者提供质量高的服务和信息资源,并有许多英语资源网站的链接。

另外,网站环也是大学英语教师查找网络多媒体资源的开始地点,其与门户网站的最大区别在于:可以经常返回到网站列表。例如:

Webring 网站 http://www.webring.org,通过注册,使用者可以成为该网站的会员,享受更多网站环搜索引擎。如果成为会员,那么他们在浏览网络多媒体资源时就是完全免费的。并且,人们在注册之后可以在网站环下面目录寻找自己需要的内容。如果未找到,他们还可以建立自己的个人在线社区,以寻求他人的帮助。

8.交互功能强

网络资源具有强大的交互功能,这可以营造出一种广泛的论坛氛围。人们可以就某一主题开展电子论坛,网上直接反馈读者信息,参与到这一主题的交流和讨论中。如果用户对某些资源存在意见,可以随时在网上进行交流,便于提高资源的质量。

9.资源结构不均衡性

网络资源的结构具有不均衡性,其主要体现在地域的不均衡与语言的不均衡。就全球范围来说,西方发达国家的网络资源要强于发展中国家。

10.动态性和不稳定性

网络信息具有自由性和随意性,任何人可能是资源的提供者或者资源的使用者。也就是说,网络资源地址、信息链接等都会

# 第九章　基于自主学习的大学英语教学手段新发展

随着时间的迁移而发生变动,网络资源可能随时更迭,很难对其进行预测。新资源在不断出现,旧信息在不断消失或失效,这些就使得网络资源呈现了动态性与不稳定性。

(四)网络的优势

近些年来,网络以其独有的优势在我国高校英语教学中被普遍认可和重视,对英语教学资源、教学环境与教学过程等产生了重要影响,它的优势主要体现在以下几个方面。

1.丰富的信息量和形象生动的影视效果

(1)网络资源取之不尽、用之不竭。学习者可以通过网络平台查阅与学习内容有关的资料,如文化背景知识、人物图片等。还可利用局域网提供的平台和计算机上的软件进行自主听、说训练,提高听说能力。

(2)网络通过计算机技术将文字、声音、动静态图像一体化,创设真实的语言教学情境,使外语课堂教学更逼真、充实和形象化。同时,让学生有内容可听、有话可说,使其语言能力在实践中得到锻炼提高。

2.有利于学习者个性化学习

(1)网络突破了时间和空间的限制,为学生构建了一个无限开放的语言学习空间。学生可以借助电脑光盘课件和网络进行自主学习,对疑难点进行反复推敲,直至掌握。

(2)学生还可根据自己的实际学习情况选择符合自身语言水平的学习内容,对薄弱环节有所侧重,加强训练。

(3)学生还可通过测试软件提供的信息反馈,发现自己学习中存在的问题,以便及时调整自己的学习内容和进度,改进学习方法,确保如期达到自己的学习目标。

3.提供优秀的教学经验和成果

当前的网络系统多由重点大学的英语教授和专家研制开发。

就目前所推出的网络版多媒体教材和课件而言,它们博采众长、优势互补、各有特点,体现了先进的英语教学理念和教学理论,是优秀的教学经验的集成。与传统的实体资源相比,网络资源具有无比的优势,由于其在大学英语教学中有重要作用,因此大学英语教学中的网络资源的优势也凸显出来。

4.有助于查询到海量信息

在复杂的网络资源中,人们可以查询到任何题材、任何体裁的资料。例如,新闻报纸杂志、学位课程选修点、各种语言文学素材、各种文化素材、教案、英语教学素材、教学游戏、教学研究论文、自学辅导材料等。因此,网络为英语教学提供了丰富的语言教学和学习材料。网络是一个无纸化的媒介,所有资料都可以在网络这一个巨大的图书馆中找到。教师和学生都可以根据自己的需要,对网络资源进行筛选与整合,形成自己的信息资源,建构自己的意义。

5.促进传播,更新速度及时

网络资源传播速度非常快,更新速度也非常及时。网络资源如此巨大也离不开时常的更新。就广义层面上来说,网络资源包含电子论坛、电子邮件、微博等各种交流手段。通过这些交流手段,人们可以获取自己所需信息,并提高自身的交际能力。与传统的图书报纸相比,网络资源可以真正实现"及时"。无论是一条新的新闻信息,还是一项新的研究成果,人们都可以第一时间获知。但是,这对于传统的图书报纸来说是很难做到的。

6.提供了多维的资源,图文并茂

网络为教师和学生提供了多维的资源。网络的资源是按照符合人类联想思维的超文本结构构筑起来的,因而便于人们进行搜索。如果他们对搜索的信息不满意,那么还可以通过关键词相关链接继续查询,直到搜索到更满意的信息。教师在网络环境中

## 第九章　基于自主学习的大学英语教学手段新发展

展开大学英语教学,可以有效、快速地帮助学生认知,也可以满足学生不同层次的需求,从而提高自己的教学效果。

7.有利于凸显个性,因材施教

由于网络的信息量大、查找便捷,因此网络资源更适合教师展开个性化教学,帮助学生编写更符合他们的个性化素材。在准备教材时,教师可首先搜索一些关键词,通过对相应网站进行访问,轻松地找到自己的资料。经过下载、重新编排,形成富有个性的教材。传统的教材在编写上并不及时,在内容上也不适合因材施教。因此,教师应该花费一定时间对内容进行查找,对大量的教学内容进行恰当选择和调整,从而便于实现因材施教。

8.有助于实现资源共享,经济便捷

大部分的网络资源可以实现全球共享,而且很多都是免费的。即使有些资源需要付费,其也比传统报刊要便宜很多。大学英语教师只需要花费少许时间就可以运用网络资源建立一个中型或大型的虚拟图书馆。该虚拟图书馆的建立,有助于教师快速、省时的提取信息,甚至很多资料只在弹指之间就可以搞定。

## 二、利用网络技术培养自主学习的措施

(一)自主学习方法的指导

系统的网络化,使信息系统成为信息的来源和交流的渠道。网络和 CD-ROM 是不同的,因为网络绝不是一个"程序",网络对语言学习者来说是个庞大诱人的资源,可以为自主学习提供真实的机会。网络的开放性使学习者可以选择适合自己的学习方法和目标。网络也极有可能误导学生,尤其是语言水平低的学生,他们没有足够的能力来辨别想要的东西。即使找到他们想要的,也不知道如何利用这些材料,因此,他们需要教师给予大量的引

导。以培养学生的自主学习能力为目的,网络具备以下一些优势。

(1)一般情况下,学生可以使用互联网来获取一些阅读或听力的学习材料。也就是说,网络可以为学生提供课外训练材料。教师设计和选择一系列能帮助学生更有效学习的任务,学生可以从互联网上获取这些任务。当学生感到需要帮助的时候,便可以立即得到这些任务。

学生能得到大量的语言学习材料,是现代技术促进自主学习的一个主要优势。但学生要会评价他们使用信息的来源的信度和适用性。从这个方面来说,是否能把互联网当作一种元媒体,是需要经过足够的引导和检验的,因为不是所有学生可获取的信息都能适应他们的需要。从这个角度来说,通过现代技术实施学生自主仍需要教师的协调和控制,需要教师有一个详细、全面的策略,在课堂上用必要的方法来指导学生,哪些是他们可以选择的不同方式,从而找到和利用正确的信息。值得说明的是,教师不是具体地告诉学生应该找什么,而是告诉他们所需要使用的信息的特性,和如何批判地辨别与最终目标有关的或无关的内容。找到学生所需要的信息是迈向学生自主的最初一步。

(2)教师可以安排和划分一系列的学习材料,并且使在线的学生能够得到这些材料。虽然教师可以控制学生使用材料的种类,但学生还是可以在教师所提供的相对较大的范围内,具体地选择自己感兴趣的某些资料。

(二)正确处理课堂教学与网络教学的关系

由于计算机网络技术提供的学习更多是开放性的,因此学生是否到实验室上机学习,他们在多媒体教室里干什么,花在英语学习上的时间是多少,是我们无从知道的。尤其是在开始的时候,面对浩瀚如海的学习资料和计算机无所不能的各种功能,学生可能会感到无所适从,有的学生甚至可能把时间花在游戏、看电影等事情上,而没有自觉进行有意义的学习。因此,教师要对

# 第九章　基于自主学习的大学英语教学手段新发展

学生的学习进行指导。

(1)在每次上新课前要告诉学生每个单元的总课时如何安排,达到什么目的。

(2)告诉学生上机学习时要学习什么内容,完成哪些作业,哪些是学习重点等,同时注意检查他们的学习效果。

(3)教师要时刻关注学生的学习进展情况,注意师生之间的交流和沟通。

总之,教师应根据实际情况、学生的表现来调整每一部分教学内容的比重,不能放任学生不管,不能让多媒体教学完全代替传统的课堂教学,而是应该将二者有机地结合,平衡传统教学与网络教学的比例关系,有步骤地推行新型教学方法,如此才能真正发挥多媒体技术的作用。

(三)评估现代技术对自主学习的促进作用

现代技术是怎样促进学生的自主学习的?这就需要对其实施过程中的方方面面进行详细的评估,看是否比传统方法有优势。应该从这几个方面考虑:学校和教师可以得到的技术帮助的多少,尤其在有可能遇到机器、软硬件问题时,有多少技术人员能够来解决这些问题。

(1)学生在家中、在所处的教育环境中所能得到的技术帮助。

(2)学生的实际技术运用水平。

(3)学生使用技术的动机和有效使用技术的意愿程度。

(4)使用现代技术所耗费的时间,和这些技术实际运用成果之间的权衡比较。

# 参考文献

[1][日]佐藤正夫著,钟启泉译．教学原理[M]．北京:教育科学出版社,2001.

[2]都建颖．第二语言习得理论入门[M]．武汉:华中科技大学出版社,2013.

[3]冯莉．大学英语语法教学理论与实践[M]．长春:吉林出版集团有限责任公司,2009.

[4]高华丽．翻译教学研究:理论与实践[M]．杭州:浙江大学出版社,2008.

[5]顾曰国．英语教学法[M]．北京:外语教学与研究出版社,1998.

[6]何广铿．英语教学法教程:理论与实践[M]．广州:暨南大学出版社,2011.

[7]何广铿．英语教学法基础[M]．广州:暨南大学出版社,2001.

[8]何少庆．英语教学策略理论与实践运用[M]．杭州:浙江高校出版社,2010.

[9]胡春洞．英语教学法[M]．北京:高等教育出版社,1990.

[10]教育部高等教育司．大学英语课程教学要求[M]．北京:外语教学与研究出版社,2007.

[11]剧锦霞,倪娜,于晓红．大学英语教学法新论[M]．北京:中国书籍出版社,2013.

[12]夸美纽斯著,傅任敢译．大教学论[M]．北京:教育科学出版社,1999.

[13]李森,张家军,王天平.有效教学新论[M].广州:广州教育出版社,2010.

[14]廖美珍.语言学教程(修订版)精读精解[M].成都:西南交通大学出版社,2009.

[15]林立,王之江.人本主义活动在英语教学中的应用[M].北京:首都师范大学出版社,2005.

[16]鲁子问,康淑敏.英语教学方法与策略[M].上海:华东师范大学出版社,2008.

[17]鲁子问.英语教学论[M].上海:华东师范大学出版社,2009.

[18]罗少茜.英语课堂教学形成性评估研究[M].北京:外语教学与研究出版社,2003.

[19]穆雷.中国翻译教学研究[M].上海:上海外语教育出版社,2004.

[20]庞维国.自主学习——学与教的原理和策略[M].上海:华东师范大学出版社,2003.

[21]谭顶良.学习风格论[M].南京:江苏教育出版社,1995.

[22]王德春.普通语言学[M].上海:上海外语教育出版社,2011.

[23]王笃勤.英语教学策略论[M].北京:外语教学与研究出版社,2002.

[24]王芬.高职高专英语词汇教学研究[M].上海:上海交通大学出版社,2012.

[25]王鹤.教育信息化背景下的大学英语自主学习探索[M].北京:经济管理出版社,2016.

[26]王琦.信息技术环境下的外语教学研究[M].北京:中国社会科学出版社,2006.

[27]王蔷,程晓堂等.英语教学法教程(第二版)[M].北京:高等教育出版社,2006.

[28]魏朝夕．大学英语文化主题教学探索与实践[M]．北京:中国农业科学技术出版社,2010.

[29]肖礼全．英语教学方法论[M]．北京:外语教学与研究出版社,2009.

[30]萧承慎．教学法三讲[M]．福州:福建教育出版社,2009.

[31]许天福,虞小梅,孙万彪．现代英语语音学[M]．西安:陕西人民出版社,1985.

[32]许智坚．计算机辅助英语教学[M]．厦门:厦门大学出版社,2015.

[33]严明．大学英语翻译教学理论与实践[M]．长春:吉林出版集团有限责任公司,2009.

[34]严明．大学英语自主学习能力培养教程(第二版)[M]．哈尔滨:黑龙江大学出版社,2007.

[35]杨丰宁．英汉语言比较与翻译[M]．天津:天津大学出版社,2006.

[36]张红玲等．网络外语教学理论与设计[M]．上海:上海外语教育出版社,2010.

[37]张鑫．英语教学的理论与实践[M]．北京:知识产权出版社,2012.

[38]周文娟．大数据时代外语教育理念与方法的探索与发现[M]．上海:上海交通大学出版社,2014.

[39]庄智象．我国翻译专业建设:问题与对策[M]．上海:上海外语教育出版社,2007.

[40]艾晓慧．基于新课标下的高中地理课堂学习学生自我评价研究——以深圳市西乡中学为例[D]．西安:陕西师范大学,2012.

[41]柴小莉．培训对中国大学生英语写作自我评估能力的影响[D]．兰州:兰州大学,2011.

[42]陈艳君．基于本土视角的中国英语教学法研究[D]．长

沙:湖南师范大学,2015.

[43]何薇. 大学英语词汇教学研究——以贵阳学院为例[D].重庆:西南大学,2009.

[44]黄慧. 建构主义视角下的大学英语语法教学研究[D].上海:上海外国语大学,2007.

[45]蒋旭霞. 中学生写作自我评价的研究[D]. 金华:浙江师范大学,2007.

[46]林敏. 小学六年级学生自我评价影响因素的研究[D]. 福州:福建师范大学,2004.

[47]牟必聪. 翻转课堂理念下高中英语词汇教学的设计与实践[D]. 上海:华东师范大学,2018.

[48]宋璐. 基于心理学的网络教学系统人机交互研究[D]. 北京:北京邮电大学,2015.

[49]孙锐欣. 元音的实验和计算研究——以上海方言元音为例[D]. 上海:复旦大学,2008.

[50]陶健敏. 汉英语作为第二语言的教学法体系对比研究[D]. 上海:华东师范大学,2007.

[51]杨莹子. 克拉申语言监控理论对小学英语教学的启示[D]. 上海:上海师范大学,2009.

[52]敖冰峰,杨扬. 关于多媒体网络教学的研究[J]. 应用能源技术,2006,(9).

[53]曹春,孟茜. 浅析英语教学法与相关学科的关系[J]. 长春理工大学学报(社会科学版),2005,(1).

[54]陈新汉. 自我评价活动论纲[J]. 北京师范大学学报(社会科学版),2007,(1).

[55]郭淑英,赵琼. 大学英语自主学习学生自我评估调查研究[J]. 黄石理工学院学报,2008,(1).

[56]胡继渊,沈正元,张玉昆. 中外学习风格研究现状综述[J]. 外语中小学教育,1999,(3).

[57]刘建达. 学生英文写作能力的自我评估[J]. 现代外语,

2002,(3).

[58]刘梦雪.通过自我评估训练促进自主式英语学习的实证研究[J].疯狂英语(教师版),2009,(4).

[59]楼荷英.自我评估同辈评估与培养自主学习能力之间的关系[J].外语教学,2005,(4).

[60]穆婷.语篇意识与英语翻译教学[J].上海理工大学学报,2006,(1).

[61]牛红卫.网络教学特点与模式探讨[J].中国成人教育,2006,(7).

[62]秦静.大学英语分级教学模式刍议[J].宜春学院学报,2010,(2).

[63]秦娟娟.大学英语口语教学的现状研究[J].校园英语,2018,(29).

[64]田洋洋、田娟娟.英语语音训练和自主学习能力的培养[J].安徽水利水电职业技术学院学报,2009,(1).

[65]肖君.英语词汇教学中文化差异现象浅析[J].四川教育学院学报,2007,(5).

[66]张建芳.激发兴趣是学好英语的关键[J].散文百家,2018,(11).

[67]张利丽.高职英语口语教学现状及对策[J].中国科技信息,2007,(18).

[68]钟志贤.建构主义学习理论与教学设计[J].电化教育研究,2006,(5).

[69]朱艳华.通过自我评估培养非英语专业大学生自主学习能力[J].黑龙江教育学院学报,2009,(8).

[70]AlFally,I. The Role of Some Selected Psychological and Personality Traits of the Rater in the Accuracy of Self-and Peer-assessment [J]. *System*,2004,(3).

[71]Bandura,A. Self-efficacy Towards a Unifying Theory of Behavior Change[J]. *Psychological Review*,1977,(84):191-215.

## 参考文献

[72] Edwin Gentzler. *Contemporary Translation Theories* [M]. London:Routledge Inc. ,1993.

[73] Harmer,J. *The Practice of English Language Teaching* [M]. London:Longman,1990.

[74] Littlewood, William. An Autonomy and a Framework [J]. *System*,1996,(4).

[75] Nunan, David. "Designing and Adapting Materials to Encourage Learner Autonomy" [A]. *Autonomy and Independence in Language Learning* [C]. ed. Benson, Phil and Voller, Peter, London: Longman,1997.

[76] Rita Dunn. *Teaching Students to Read Through Their Individual Learning Styles* [M]. NJ:Prentice Hall,1986.

[77] Stern, H. H. *Fundamental Concepts of Language Teaching* [M]. Oxford:OUP,1999.

[78] Wilkins, David A. *Linguistics in Language Teaching* [M]. Cambridge:MIT Press,1972.